Basiswissen
Grundrechte

2016

Ralf Altevers
Rechtsanwalt und Repetitor

ALPMANN UND SCHMIDT Juristische Lehrgänge Verlagsges. mbH & Co. KG
48143 Münster, Alter Fischmarkt 8, 48001 Postfach 1169, Telefon (0251) 98109-0
AS-Online: www.alpmann-schmidt.de

Altevers, Ralf
Basiswissen
Grundrechte
5. Auflage 2016
ISBN: 978-3-86752-479-7
Verlag Alpmann und Schmidt Juristische Lehrgänge
Verlagsgesellschaft mbH & Co. KG, Münster

Unterstützen Sie uns bei der Weiterentwicklung unserer Produkte.
Wir freuen uns über Anregungen, Wünsche, Lob oder Kritik an:
feedback@alpmann-schmidt.de

1. Teil: Hinweise zur Erstellung einer Grundrechts-Klausur

Bei der Bearbeitung von Klausurfällen sollten Sie in drei Arbeitsschritten vorgehen:

1. Schritt: Erfassen von **Sachverhalt** und Fallfrage,

2. Schritt: Erstellen einer **Gliederung**,

3. Schritt: **Niederschrift**.

Für die ersten beiden Schritte sollten Sie sich maximal 60 Minuten Zeit nehmen.

1. Abschnitt: Erfassen von Sachverhalt und Fallfrage

Den Sachverhalt, der die Grundlage der Klausurlösung bietet, und die Fallfrage bzw. den Bearbeitervermerk müssen Sie genau durchlesen und verstanden haben, bevor Sie mit dem nächsten Schritt, dem Erstellen der Gliederung, beginnen. Ansonsten besteht die Gefahr, dass die Klausur falsch gelöst wird oder dass zu viel oder zu wenig (aus der Sicht des Aufgabenstellers) geprüft wird.

2. Abschnitt: Erstellen der Gliederung

A. Zweck der Gliederung

I. Übersicht

Um die Übersicht in der Klausurbearbeitung zu behalten, hat der Niederschrift zwingend eine Gliederung voranzugehen. Die sogenannte Lösungsskizze, die Sie nicht mit abgeben, ist später das Raster, das Ihnen eine strukturierte Niederschrift erst ermöglicht.

II. Vollständigkeit

Sind Angaben des Sachverhalts nicht verwertet oder haben Sie beim Lesen des Sachverhalts Probleme entdeckt (und am Rand des Sachverhalts oder auf einem Extrablatt vermerkt), die Sie in der Gliederung noch nicht „untergebracht" haben, muss die Gliederung ggf. noch ergänzt oder auch partiell umgestellt werden.

III. Problemgewichtung und Zeitmanagement

Zum Schluss überlegen Sie sich anhand der Gliederung, wo die wirklichen Probleme der Klausur und damit die (zeitaufwändigen!) Schwerpunkte in Ihrer Niederschrift liegen. Markieren Sie solche Stellen beispielsweise mit einem großen „P" für „Problem" oder benutzen Sie den Leuchtstift.

B. Inhalt der Gliederung

Der Inhalt bzw. der Aufbau der Gliederung und auch der späteren Niederschrift hängen allein von der jeweiligen Fallfrage ab!

I. Materielle Fallfrage

Bei der materiell-rechtlichen Fallfrage wird ausschließlich danach gefragt, ob ein Beschwerdeführer in einem seiner Grundrechte verletzt wird. Hier wird in der Fallfrage (oder im Bearbeitervermerk) die Prüfung häufig auf bestimmte Grundrechte beschränkt, sodass natürlich auch nur diese anzusprechen sind.

In der Gliederung sollten Sie zunächst überlegen, in welcher Reihenfolge die Grundrechte zu prüfen sind (z.B. Freiheits- vor Gleichheitsrechten) und diese dann einzeln durchprüfen.

In der Gliederung sollten Sie dann in der Reihenfolge der Grundrechte nach Schutzbereich, Eingriff und Rechtfertigung das Grundrecht prüfen. Dabei empfiehlt es sich, bereits in der Gliederung **kurz!** die wesentlichen Gedanken in Stichworten aufzuschreiben, damit gute Ideen nicht verloren gehen. Auch sollten Sie hier kenntlich machen, wo aus ihrer Sicht die Probleme des Falles stecken, um später in der Niederschrift auf diese besonders eingehen zu können.

II. Prozessuale Fallfrage

Bei prozessualen Fallfragen wird auch die Prüfung der Zulässigkeit verlangt. Klassische Fallfragen lauten dann z.B.:

Hat die Verfassungsbeschwerde Erfolg?

Wie wird das BVerfG entscheiden? oder

A erhebt eine Verfassungsbeschwerde. Mit Erfolg?

Der Inhalt der Gliederung ist bei dieser Fallfrage:

A. Zulässigkeit der Verfassungsbeschwerde

B. Begründetheit der Verfassungsbeschwerde

Zu den Einzelheiten vergleichen Sie bitte die nachfolgenden Teile.

Auch hier gilt, dass Sie bereits in der Gliederung **kurz!** die wesentlichen Gedanken in Stichworten aufschreiben, damit gute Ideen nicht verloren gehen. Es sollten ebenfalls die Probleme des Falles kenntlich gemacht werden, um später in der Niederschrift an diesen Stellen Schwerpunkte setzen zu können.

III. Sonstige Fallfragen

Andere Fallgestaltungen sind seltener. Möglich wäre aber z.B., dass in einem ersten Schritt nach der Verletzung von Grundrechten gefragt wird, und erst als Zusatzfrage oder Abwandlung nach der Zulässigkeit der Verfassungsbeschwerde. Sehr selten wird nur nach der Zulässigkeit oder nur nach der Begründetheit gefragt.

3. Abschnitt: Niederschrift

Bei der Niederschrift sollten Sie sich unbedingt an Ihrer Gliederung orientieren (denn dafür haben Sie diese ja erstellt!). Nummerieren Sie entsprechend der in der Gliederung entwickelten Struktur und verwenden Sie sinnvolle Überschriften, um dem Korrektor Ihren Gedankengang deutlich zu machen. Achten Sie aber darauf, die Klausur nicht zu „zergliedern". A. I. 1. a) aa) (1) (a) (aa) (aaa) ist auch nicht mehr lesbar!

Natürlich gelten auch für die Klausuren in den „Grundrechten" die allgemeinen juristischen Grundregeln. So sollten Sie darauf achten, im Gutachtenstil zu formulieren, Meinungsstreite darzustellen und zu klären und möglichst sauber zu schreiben.

Vgl. ergänzend AS-Basiswissen/Staatsorganisationsrecht (2015): Klausurtechnik und -taktik; AS-Basiswissen BGB AT (2015), S. 1–24; Vom Sachverhalt zur Lösung – Juristische Arbeitsweise

2. Teil: Allgemeine Grundrechtslehren

In einer Grundrechteklausur wird (typischerweise) die Prüfung der Grundrechte im Rahmen einer Verfassungsbeschwerde verlangt. Daher sollen in diesem Skript zunächst die allgemeinen Grundrechtslehren aufgegriffen werden (2. Teil). Danach werden einzelne, in den Anfangssemestern häufige Grundrechte näher dargestellt (3. Teil). Im 4. Teil werden kurz die grundrechtsgleichen Rechte aufgegriffen bevor dann die Grundlagen der Verfassungsbeschwerde dargestellt werden (5. Teil).

Die prozessuale Einbindung von Grundrechten in andere Verfahrensarten (Organstreitverfahren, abstrakte Normenkontrolle usw.) ist seltener. Aus diesem Grund wird in diesem Skript ausführlich nur auf die Verfassungsbeschwerde eingegangen, und nur im 6. Teil kurz darauf hingewiesen, an welcher Stelle die Grundrechte in anderen Verfahrensarten vor dem BVerfG einzubauen wären (vgl. genauer zu diesen Verfahren AS-Basiswissen Staatsorganisationsrecht).

1. Abschnitt: Geschichte der Grundrechte

Gerade bei den Vorschriften des GG wird manche Aussage erst vor ihrem historischen Hintergrund und den Grundprinzipien, von denen der Gesetzgeber sich hat leiten lassen, klar. Deshalb widmen wir uns vorweg kurz der Entstehungsgeschichte des GG.

Beispiel: So wird bis heute hinsichtlich der Frage eines materiellen Prüfungsrechts des Bundespräsidenten bei der Ausfertigung von Gesetzen argumentiert, dass der Bundespräsident im Unterschied zu dem Reichspräsidenten der Weimarer Zeit nur eine schwache Stellung inne hat, und daher dem Bundespräsidenten ein solch starkes Recht wie die materielle Überprüfung von Gesetzen nicht zustehen könne.

Die Vorläufer des Grundgesetzes

A. Vorläufer des Grundgesetzes

- **Paulskirchenverfassung**, 1848/49

  Die Paulskirchenverfassung von 1848/49, die nach der Märzrevolution 1848 in der Frankfurter Paulskirche erarbeitet und verabschiedet wurde. Darin war ein Bundesstaat mit dem preußischen König als Erbkaiser und einer gewählten Volksvertretung vorgesehen. Auch ein Grundrechtskatalog war in der Paulskirchenverfassung enthalten. Sie trat jedoch nie in Kraft, da sie vom preußischen König und anderen Einzelstaaten abgelehnt wurde.

- **Reichsverfassung**, 1871

  Die Reichsverfassung von 1871, die nach der Gründung des Deutschen Reiches in Kraft trat. Sie enthielt im Gegensatz zur

Paulskirchenverfassung **keinen Grundrechtskatalog**. Der Deutsche Kaiser war Staatsoberhaupt, es existierte eine gewählte Volksvertretung, ein Parlament – der Reichstag. Dieser hatte zwar das Gesetzgebungsrecht, Gesetze bedurften aber stets der Zustimmung des Bundesrats, der sich aus Vertretern der 25 Bundesstaaten des Deutschen Reiches zusammensetzte. Der Reichskanzler, der die Regierungsgeschäfte führte, wurde allein vom Kaiser ernannt und konnte auch von ihm entlassen werden.

- **Weimarer Reichsverfassung** (WRV), 1919

Die Weimarer Reichsverfassung (WRV) von 1919 wurde nach dem Ende des Kaiserreiches in Weimar erlassen. Sie enthielt einen Grundrechtsteil, es war aber unklar, inwieweit auch der Gesetzgeber an die Grundrechte gebunden war.

Staatsoberhaupt war der Reichspräsident, der auf sieben Jahre direkt vom Volk gewählt wurde. Der Reichstag wurde ebenfalls vom Volk gewählt. Vom Vertrauen des Reichstags abhängig war die Reichsregierung (Reichskanzler und Reichsminister). Der „Reichsrat" im Kaiserreich, der sich aus Vertretern von 18 deutschen Ländern zusammensetzte, hatte geringeren Einfluss auf die Gesetzgebung als sein Nachfolger Bundesrat.

Der Reichspräsident konnte auf der Grundlage des Art. 48 WRV Notverordnungen verfügen, die von der Reichsregierung beschlossen wurden. Somit konnte die Reichsregierung am Parlament „vorbeiregieren". Ab 1930 wurde davon intensiv Gebrauch gemacht und auf den Reichstag keine Rücksicht mehr genommen („Präsidialkabinette").

- **NS-Zeit**

In der NS-Zeit wurde die Weimarer Reichsverfassung praktisch außer Kraft gesetzt. Die Reichsregierung wurde durch das Ermächtigungsgesetz vom 23. März 1933, das zunächst für vier Jahre galt und dann mehrfach bis 1945 verlängert wurde, ermächtigt, Gesetze ohne den Reichstag und den Reichsrat zu erlassen. Die Gewaltenteilung wurde dadurch vollends beseitigt. Wozu das führte, ist bekannt.

B. Entstehung und Entwicklung des Grundgesetzes

Nach dem Zusammenbruch des Deutschen Reiches im Mai 1945 wurden zunächst die Länder reorganisiert; die Länder existierten also vor dem Bund. In den Ländern der drei westlichen Besatzungszonen wurden die Ministerpräsidenten von den drei Militärgouverneuren dazu aufgefordert, eine verfassungsgebende Nationalversammlung einzuberufen.

Herrenchiemseer Konvent und Parlamentarischer Rat

Nach Vorarbeiten durch das von den Ministerpräsidenten einberufene Herrenchiemseer Konvent im August 1948, das einen ersten Entwurf erarbeitete, trat in Bonn der Parlamentarische Rat zusammen, dessen Mitglieder von den Landtagen gewählt wurden. Der Parlamentarische Rat erstellte nach langen Diskussionen die endgültige Fassung des Grundgesetzes. Dieses wurde von den westdeutschen Landtagen angenommen.

Allein der Bayerische Landtag stimmte dagegen, da ihm die neue Staatsorganisation zu zentralistisch erschien. Gleichzeitig aber erklärte der Landtag, dass „die Rechtsverbindlichkeit dieses Grundgesetzes auch für Bayern anerkannt" werde.

Die Militärgouverneure genehmigten das Grundgesetz am 12. Mai 1949.

Verkündung des GG am 23. Mai 1949

Das Grundgesetz wurde am 23. Mai 1949 verkündet und trat am 24. Mai 1949 in Kraft (Art. 145 Abs. 2 GG). Die Bundesrepublik Deutschland als westdeutscher Teilstaat war gegründet.

Das GG war nur als vorübergehende Staatsordnung gedacht.

Jedoch wurde das Grundgesetz als Provisorium begriffen, wollte man doch die deutsche Teilung nicht vertiefen. Deshalb wurde der Begriff „Verfassung" vermieden und der Begriff „Grundgesetz" gewählt. Die alte Fassung der Präambel (die im Zuge der Wiedervereinigung neugefasst wurde) sprach davon, dass das Grundgesetz beschlossen wurde, „um dem staatlichen Leben für eine Übergangszeit eine neue Ordnung zu geben".

Wiedervereinigung

Über den „Beitrittsartikel" (Art. 23 GG a.F.) wurde auch die Wiedervereinigung vorgenommen. Die Einzelheiten regelte der **Einigungsvertrag** vom 31. August 1990. Durch Art. 3 des Einigungsvertrags wurde, dem Auftrag des Art. 23 Abs. 1 S. 2 GG a.F. folgend, das GG für „die neuen Länder" und den Ostteil von Berlin am 3. Oktober 1990 in Kraft gesetzt.

2. Abschnitt: Systematisierung der Grundrechte

Eine Unterscheidung der Grundrechte ist für eine Klausur wichtig, da Grundrechte unterschiedlich geprüft werden. Auch hängt die Prüfreihenfolge von der Art der Grundrechte ab (Freiheitsrechte vor Gleichheitsrechten). Es werden insbesondere drei Arten von Grundrechten nach der Art des gewährleisteten Rechts unterschieden:

- Freiheits(grund)rechte,
- Gleichheits(grund)rechte und
- Justizgrundrechte (die auch Verfahrensrechte genannt werden).

Daneben sind die **grundrechtsgleichen Rechte** zu beachten. Diese enthalten – wie die Grundrechte – subjektive Abwehrrechte des Bürgers gegen den Staat, sind aber formal nicht im Grundrechtekatalog der Art. 1 bis 19 GG geregelt. Eine Aufzählung der grundrechtsgleichen Rechte findet sich in Art. 93 Abs. 1 Nr. 4 a GG.

!

Anmerkung: *Auch grundrechtsgleiche Rechte sind entsprechend zu systematisieren. So enthält Art. 38 Abs. 1 S. 1 GG zwei Gleichheitsrechte (allgemein, gleich) und drei Freiheitsrechte (unmittelbar, frei, geheim).* ***Aber Vorsicht:*** *Obwohl Art. 38 GG in Art. 93 Abs. 1 Nr. 4 a GG „pauschal“ genannt ist, stellt Art. 38 Abs. 1 S. 2 GG (freies Mandat des Abgeordneten)* ***kein*** *grundrechtsgleiches Recht dar. Grundrechte sind Abwehrrechte des Bürgers gegen den Staat, nicht des Staates gegen den Staat (Konfusionsargument). Wenn ein Abgeordneter aus seinem freien Mandat vorgeht, beruft er sich als Teil des Staates darauf, nicht als „Bürger“. In diesem Fall kann der Abgeordnete im Wege des Organstreitverfahrens gemäß Art. 93 Abs. 1 Nr. 1 GG eine Überprüfung durch das BVerfG herbeiführen.*

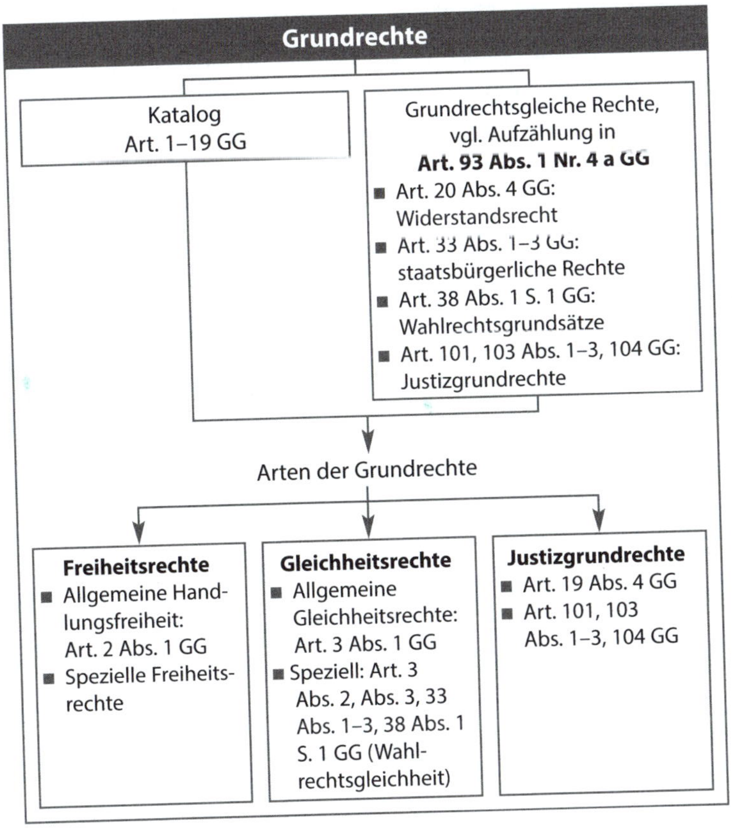

A. Die Freiheitsgrundrechte

Freiheitsrechte gewährleisten dem Einzelnen bestimmte Handlungsfreiheiten, Rechte oder Rechtsgüter. Freiheitsrechte sind die Art. 2, 4–6, 8–14 und 16–17 GG.

Zu den Einzelheiten des Prüfungsaufbaus in einer Klausur vgl. unten S. 20 ff.

Die Prüfung eines Freiheitsrechts wird in einer Klausur in drei Schritten durchgeführt:

- Ist der Schutzbereich des Freiheitsrechts betroffen?
- Liegt ein Eingriff in den Schutzbereich vor?
- Ist der Eingriff verfassungsrechtlich gerechtfertigt?

Zu den Einzelheiten des Prüfungsaufbaus in einer Klausur vgl. unten S. 90 ff.

B. Die Gleichheitsrechte

Gleichheitsrechte wollen verhindern, dass der Bürger im Verhältnis zu seinen Mitbürgern durch den Staat ohne sachlichen Grund ungleich behandelt wird. Sie sollen Diskriminierungen durch den Staat verhindern. Gleichheitsrechte finden sich in Art. 3, 6 Abs. 1 und 5, 33 Abs. 1–3 und 38 Abs. 1 S. 1 GG (allgemein, gleich).

Die Prüfung eines Gleichheitsrechts wird in einer Klausur in zwei Schritten durchgeführt:

- Liegt tatsächlich eine (Un-)Gleichbehandlung vor?
- Ist diese (Un-)Gleichbehandlung sachlich gerechtfertigt?

C. Die Justizgrundrechte

Justizgrundrechte geben dem Einzelnen die Möglichkeit, seine Rechte gegenüber dem Staat durchzusetzen und garantieren ihm ein faires und effektives Gerichtsverfahren. Sie finden sich in Art. 19 Abs. 4, 101, 103 und 104 GG.

Die Prüfung erfolgt teilweise wie bei den Freiheitsrechten, teilweise aber auch nur in einer Stufe, wonach nur rechtswidrige Eingriffe überhaupt als Eingriffe angesehen werden.

1. Wofür ist die (Entstehungs-) Geschichte der Grundrechte von Bedeutung?	**1.** Für die Auslegung des GG.
2. Hat es auch in den Vorläufern des GG schon immer Grundrechte gegeben?	**2.** Nein! Zeitweise gab es keine Grundrechte, teilweise hatten die Grundrechte eine andere Funktion und Bindungswirkung.
3. Auf wessen Veranlassung wurde das GG entwickelt?	**3.** Die Militärgouverneure der drei westlichen Besatzungszonen beauftragten die Ministerpräsidenten der Länder mit der Entwicklung eines GG.
4. Wer erarbeitete den Entwurf des GG?	**4.** Der „Herrenchiemseer Verfassungskonvent".
5. Und wer erstellte die endgültige erste Fassung des GG?	**5.** Der Parlamentarische Rat, dessen Mitglieder von den Landtagen gewählt wurden.
6. Wann wurde das GG verkündet und wann trat es in Kraft?	**6.** Das GG wurde am 23. Mai 1949 verkündet und trat einen Tag später, am 24. Mai 1949 in Kraft.
7. Warum wurde das GG zunächst nur als „Provisorium" begriffen?	**7.** Es sollte die Teilung Deutschlands nicht verstärkt werden. Daher wurde auch nicht der „normale" Begriff der „Verfassung" gewählt.
8. Wo sind die Einzelheiten der Wiedervereinigung geregelt?	**8.** Im Einheitsvertrag, durch den das GG auch für den „Ostteil" am 3. Oktober 1990 in Kraft gesetzt wurde.
9. Warum ist eine Unterscheidung der Grundrechte für eine Klausur wichtig?	**9.** Die Grundrechte werden unterschiedlich geprüft und die Prüfungsreihenfolge richtet sich danach.
10. Welche Arten von Grundrechten werden unterschieden?	**10.** Freiheits-, Gleichheits- und Justizgrundrechte.
11. Was sind grundrechtsgleiche Rechte?	**11.** Diese enthalten, wie die Grundrechte, subjektive Abwehrrechte des Bürgers gegen den Staat, stehen aber formal nicht im Grundrechtekatalog.
12. Wo befindet sich eine Aufzählung der grundrechtsgleichen Rechte?	**12.** In Art. 93 Abs. 1 Nr. 4 a GG.
13. Worin unterscheidet sich die Prüfung eines Freiheitsrechts von der Prüfung eines Gleichheitsrechts?	**13.** Während ein Freiheitsrecht in drei Stufen geprüft wird (Schutzbereich – Eingriff – Rechtfertigung), wird das Gleichheitsrecht in zwei Stufen geprüft (Ungleichbehandlung wesentlich gleicher Sachverhalte – Sachliche Rechtfertigung).

3. Abschnitt: Funktionen der Grundrechte

In einer Klausur ist es wichtig, die verschiedenen Funktionen der Grundrechte zu kennen. Einerseits werden Grundrechte je nach Funktion unterschiedlich geprüft, andererseits werden sie prozessual unterschiedlich geltend gemacht. In einer Grundrechte-Klausur in den Anfangssemestern werden Sie vorrangig mit der **Normalfunktion** der Grundrechte, der subjektiven Funktion als **Abwehrrecht** gegen staatliche Eingriffe, konfrontiert werden.

A. Subjektive Funktionen

Grundrechte als subjektive Abwehrrechte

- Primär sind Grundrechte Abwehrrechte des Einzelnen gegen staatliche Willkür, verpflichten also den Staat, rechtswidrige Grundrechtseingriffe zu unterlassen bzw. noch fortbestehende rechtswidrige Grundrechtsbeeinträchtigungen zu beseitigen.

Grundrechte als Leistungsrechte

- Daneben stellen Grundrechte unter bestimmten Voraussetzungen auch Leistungsrechte dar.
- **Ausdrückliche Leistungsansprüche** ergeben sich nur in ganz wenigen Fällen direkt aus dem Grundgesetz (z.B. gemäß Art. 6 Abs. 4 GG, wonach jede Mutter einen Anspruch auf den Schutz der Gemeinschaft hat).
- Im Übrigen sind unter engen Voraussetzungen von Rspr. und Lit. verschiedene Fallgruppen entwickelt worden:

I. Grundrechte als originäre Leistungsrechte

Hat der Staat ein Monopol in Bezug auf die Grundrechtsbetätigung und ist die Leistung des Staates zur Grundrechtsbetätigung unerlässlich, dann kann sich aus dem Grundrecht ein Anspruch ergeben.

Beispiel: Anspruch auf Gewährleistung eines menschenwürdigen Existenzminimums aus Art. 1 Abs. 1 GG i.V.m. Art. 20 GG (Sozialstaatsprinzip).

II. Grundrechte als derivative Leistungs- oder Teilhaberechte

Ein Anspruch kann sich daraus ergeben, dass ein staatliches Monopol in Bezug auf die Grundrechtsausübung besteht und dass Leistungen bereits an Dritte gewährt worden sind.

Beispiel: Anspruch einer Partei auf Nutzung einer Stadthalle zu einer Wahlkampfveranstaltung aus Art. 21 i.V.m. Art. 3 Abs. 1 GG.

III. Grundrechtsanspruch auf schützendes Tätigwerden

Anspruchsvoraussetzung ist, dass für ein besonderes Freiheits- oder besonderes Gleichheitsrecht Gefahr droht, die vom Grundrechtsträger selbst nicht oder nicht mit legalen Mitteln beseitigt werden kann.

Konkrete **Ansprüche gegen die Exekutive** bestehen ausnahmsweise nur dann, wenn das regelmäßig bestehende Ermessen wegen einer gegenwärtigen Gefahr für das Grundrecht auf Null reduziert ist und wenn das Grundrecht des Anspruchstellers eindeutig den Vorrang hat vor eventuell entgegenstehenden öffentlichen Interessen oder privaten Interessen Dritter, die durch die schützende Handlung belastet werden.

Beispiel: Anspruch von Versammlungsteilnehmern aus Art. 8 GG gegen die Polizei, sie vor gewalttätigen Gegendemonstranten zu schützen.

Ansprüche auf schützendes Tätigwerden **gegen die Legislative** bestehen ausnahmsweise nur bei evidenter Pflichtverletzung, d.h. der Gesetzgeber hat überhaupt noch nichts zum Schutz eines Grundrechts getan oder die bisher getroffenen Maßnahmen sind evident unzureichend und nur noch die vom Anspruchsteller vorgeschlagenen Maßnahmen sind in der Lage, das Grundrecht angemessen gegen Verletzungen Dritter zu schützen.

B. Objektive Funktionen

Objektive Gewährleistungen enthalten Grundrechte zum einen über die sogenannten **Einrichtungsgarantien** (z.B. wird gemäß Art. 14 GG das Privateigentum als solches gewährleistet, eine völlige Abschaffung privaten Eigentums verstieße gegen Art. 14 GG) und aufgrund der Tatsache, dass Grundrechte wegen ihrer großen Bedeutung auch **objektive Wertentscheidungen** der Verfassung für das gesamte staatliche und gesellschaftliche Leben enthalten und damit nicht nur unmittelbar die öffentliche Gewalt über Art. 1 Abs. 3 GG binden, sondern jedenfalls mittelbar auch im Privatrecht Bedeutung entfalten (vgl. im Einzelnen noch unten bei der Grundrechtsbindung Privater, **mittelbare Drittwirkung**).

So sind z.B. einfache Gesetze immer **grundrechtskonform auszulegen**. Daneben erfordern Grundrechte, das Verfahren so auszugestalten, dass ein Grundrechtsschutz gewährleistet wird (**„Grundrechtsschutz durch Verfahren"**, z.B. durch einen sogenannten Richtervorbehalt). Da Grundrechte nicht nur subjektive Abwehrrechte darstellen, ist der Staat verpflichtet, einen Selbstmörder wegen Art. 2 Abs. 2 S. 1 GG auch gegen seinen Willen von einem Selbstmordversuch abzuhalten.

Check: Funktionen der Grundrechte

1. Welche Funktionen der Grundrechte werden unterschieden?	**1.** Man unterscheidet die subjektiven und die objektiven Funktionen der Grundrechte.
2. Was ist die normale Funktion der Grundrechte?	**2.** Grundsätzlich sind die Grundrechte subjektive Abwehrrechte des Bürgers gegen den Staat.
3. Welche anderen subjektiven Funktionen entfalten Grundrechte daneben?	**3.** Grundrechte können auch Leistungsrechte enthalten. Daneben können Grundrechte einen Anspruch gegen den Staat auf schützendes Tätigwerden begründen.
4. Nennen Sie objektive Funktionen der Grundrechte!	**4.** Grundrechte können Einrichtungsgarantien enthalten. Zudem beinhalten die Grundrechte eine objektive Wertentscheidung der Verfassung und sind z.B. im Rahmen der verfassungskonformen Auslegung zu beachten.

4. Abschnitt: Grundrechtsverpflichtete

Gemäß **Art. 1 Abs. 3 GG** binden die (nachfolgenden) Grundrechte **Gesetzgebung, vollziehende Gewalt und Rspr.** als unmittelbar geltendes Recht. Während die unmittelbare Grundrechtsbindung von Legislative und Judikative im Wesentlichen unproblematisch ist, kann die unmittelbare Grundrechtsbindung der vollziehenden Gewalt in einzelnen Fällen problematisch sein.

Begriff der „vollziehenden" Gewalt

Der Begriff der „vollziehenden" Gewalt ist umfassend zu verstehen und erfasst über die **Verwaltung** hinaus auch die **Regierung**, die Bundeswehr sowie Personen, die von der Verwaltung zur Erfüllung ihrer Aufgaben eingesetzt werden, wie etwa **Beliehene** oder Verwaltungshelfer. Erfasst werden auch die Träger mittelbarer Staatsgewalt, wie z.B. Gemeinden, Kreise, Hochschulen oder öffentlich-rechtliche Rundfunkanstalten.

Wird die vollziehende Gewalt öffentlich-rechtlich tätig, so ist sie unmittelbar über Art. 1 Abs. 3 GG an die Grundrechte gebunden.

Problematisch ist die Grundrechtsbindung, wenn sich der Staat „wie ein Privater" am Wirtschaftsleben beteiligt, insbesondere dann, wenn sich der Staat an Privatunternehmen beteiligt.

Beispiel: Die Fraport AG betreibt den Frankfurter Flughafen. An der Fraport AG sind das Land Hessen und die Stadt Frankfurt zu 52% beteiligt. Wäre die Fraport AG an Art. 8 GG gebunden, wenn im Terminal eine Demonstration stattfinden soll? Nach BVerfG (Urt. v. 22.02.2011 – 1 BvR 699/06) ist die Fraport AG an Art. 8 GG gebunden, da der Staat über die 52%-ige Beteiligung eine **beherrschende Stellung** einnimmt.

Private sind grundsätzlich nicht an Grundrechte gebunden.

Beispiel: A kauft beim Bäcker 10 Brötchen für einen Euro. B hat keinen Anspruch aus Art. 3 Abs. 1 GG gegen den Bäcker, ebenfalls 10 Brötchen für einen Euro zu erhalten. Zwischen den Privaten gilt die „Privatautonomie", d.h. der Einzelne ist frei zu entscheiden, ob und mit wem er einen Vertrag abschließen will, welchen Inhalt der Vertrag hat und in welcher Form er abgeschlossen wird.

Mittelbare Drittwirkung der Grundrechte

Wegen der großen Bedeutung der Grundrechte auch für den gesamten gesellschaftlichen Bereich gelten die Grundrechte jedoch **mittelbar** im Zivilrecht über unbestimmte Rechtsbegriffe oder Generalklauseln, wie z.B. Sittenwidrigkeit in § 138 BGB oder billiges Ermessen in § 315 BGB.

Beispiel: H veröffentlicht Karikaturen von S, in denen S als Schwein dargestellt ist. S klagt vor dem Zivilgericht gegen H auf Unterlassen aus § 1004 BGB analog. Hier müsste das Zivilgericht gemäß § 1004 Abs. 2 BGB prüfen, ob S zur Duldung verpflichtet ist. Dagegen spricht das allgemeine Persönlichkeitsrecht des S (Art. 2 Abs. 1, 1 Abs. 1 GG), dafür jedoch die Kunstfreiheit (Art. 5 Abs. 3 GG) des H. Das Zivilgericht muss in der Auslegung des unbestimmten Rechtsbegriffs „Duldungspflicht" die gegenläufigen Grundrechte berücksichtigen, sodass diese zwischen S und H zumindest mittelbar gelten.

Grundrechtsverpflichtete

Art. 1 Abs. 3 GG

- Gesetzgebung
- Vollziehende Gewalt
  - Verwaltung
  - Regierung
  - Beliehene
- Rechtsprechung

Nicht: Private; aber mittelbare Drittwirkung denkbar

5. Abschnitt: Grundrechtsberechtigte

Grundrechtsberechtigung (oder auch Grundrechtsfähigkeit genannt) meint die Fähigkeit, überhaupt Träger eines Grundrechts zu sein. Dabei sind **natürliche Personen** (Menschen) grundsätzlich Grundrechtsträger, während die Grundrechtsberechtigung **juristischer Personen** problematisch sein kann.

! ***Hinweis:*** *Die Grundrechtsfähigkeit kann zum einen in der Zulässigkeit der Verfassungsbeschwerde eine Rolle spielen (Beteiligtenfähigkeit, s.u. S. 103), zum anderen bei der materiellen Grundrechtsprüfung im (persönlichen) Schutzbereich (s.u. S. 22).*

A. Natürliche Personen

Das GG unterscheidet bei der Grundrechtsfähigkeit natürlicher Personen zwischen den **Menschenrechten (oder Jedermann-Rechten)** und den **Bürger- bzw. Deutschenrechten**. Menschenrechte sind die Grundrechte, die allen Menschen, also Deutschen und Ausländern, zustehen. Diese Grundrechte sind durch die Begriffe „jeder(-mann)", „alle Menschen" oder „niemand" gekennzeichnet sowie dadurch, dass ein Grundrecht sachlich ohne persönliche Begrenzung gewährleistet wird (z.B. die Eigentumsfreiheit). Deutschen-/Bürgerrechte sind solche, die ausschließlich Deutschen i.S.d. Art. 116 GG zustehen.

Für Ausländer gelten die Deutschenrechte nicht. Sie können sich nur auf die allgemeine Handlungsfreiheit des Art. 2 Abs. 1 GG berufen.

Die Frage, ob sich EG-Ausländer auch auf die Deutschenrechte berufen können, ist umstritten. Während teilweise von einer Geltung der Deutschenrechte wegen des Diskriminierungsverbotes (Art. 18 AEUV – „Vertrag von Lissabon") ausgegangen wird, sollen EG-Ausländer nach anderer Auffassung einen besonderen, qualifizierten Grundrechtsschutz aus Art. 2 Abs. 1 GG herleiten können.

Eine Sonderstellung nimmt Art.16 a Abs. 1 GG (Asylrecht) ein, der ausschließlich den Ausländern zusteht.

Die Grundrechtsfähigkeit natürlicher Personen beginnt grundsätzlich mit der Vollendung der Geburt und endet grundsätzlich mit dem Tod. Im sogenannten **„Fristenlösungsurteil"** hat das BVerfG festgestellt, dass auch der nasciturus, also das werdende Leben, grundrechtsfähig sein kann im Hinblick auf das Recht auf Leben und körperliche Unversehrtheit des Art. 2 Abs. 2 S. 1 GG (BVerfGE 39, 1). Dabei hat das BVerfG den Schutz ab dem 14. Tage nach der Empfängnis festgelegt, da ab diesem Zeitpunkt nach gesicherten biologisch-physiologischen Erkenntnissen Leben bestehe. Im sogenannten **„Mephisto-Beschluss"** hat das BVerfG die Menschenwürde und das allgemeine Persönlichkeitsrecht auch über den Tod einer Person hinaus erstreckt (BVerfGE 30, 173).

B. Juristische Personen

Die Grundrechte gelten gemäß Art. 19 Abs. 3 GG auch für inländische juristische Personen, wenn sie ihrem Wesen nach auf diese anwendbar sind.

Juristische Person: Eine Personenmehrheit, die mit eigenen Rechten und Pflichten ausgestattet ist, also eine eigene Rechtsfähigkeit besitzt (z.B. eine GmbH, die selbst Eigentümerin eines Grundstücks sein kann).

Dabei ist der Begriff der juristischen Person wesentlich weiter zu verstehen als im Zivilrecht. Art. 19 Abs. 3 GG erstreckt sich nicht nur auf vollrechtsfähige Personenvereinigungen, sondern auch auf teilrechtsfähige Personengemeinschaften, z.B. die OHG, und andere Personenmehrheiten, die Zuordnungssubjekte von Rechtsnormen sind, wie der nichtrechtsfähige Verein (vgl. § 54 BGB).

Während die **Justizgrundrechte** (Art. 101 Abs. 1 S. 2, Art. 103 GG) für alle juristischen Personen ohne Ausnahme gelten, kommt es für die Anwendbarkeit der Freiheits- und Gleichheitsgrundrechte auf folgende Grundsätze an:

I. Juristische Personen des öffentlichen Rechts

Obwohl der Begriff der juristischen Person in Art. 19 Abs. 3 GG nicht beschränkt ist, können sich juristische Personen des öffentlichen Rechts (Körperschaften, Anstalten und Stiftungen des öffentlichen Rechts) **nicht** auf Grundrechte berufen.

Konfusionsargument

Grund dafür ist das sogenannte „Konfusionsargument". Grundrechte sind Abwehrrechte des Bürgers **gegen den Staat**. Juristische Personen des öffentlichen Rechts sind aber Teil des Staates, sodass dann der Staat gegen sich selbst die Grundrechte geltend machen würde.

In der Rspr. des BVerfG sind nur drei Ausnahmen davon anerkannt, und zwar dann, wenn „die juristische Person des öffentlichen Rechts dem durch das Grundrecht geschützten Lebensbereich unmittelbar zuzuordnen ist".

Anders ausgedrückt: Wenn das Grundrecht für die juristische Person des öffentlichen Rechts geschrieben wurde!

Die Ausnahmen sind:

- Die **öffentlich-rechtlichen Rundfunkanstalten** (z.B. WDR, NDR, ZDF) können sich auf die **Rundfunkfreiheit aus Art. 5 Abs. 1 S. 2 GG** berufen. Als das GG im Jahre 1949 in Kraft trat, gab es keine privaten Rundfunk- und Fernsehanstalten, sodass die Rundfunkfreiheit keinen Anwendungsbereich gehabt hätte, wenn das Grundrecht nicht auf die öffentlich-rechtlichen Anstalten angewandt worden wäre;
- die **Universitäten** (= Körperschaften des öffentlichen Rechts) können sich auf die Freiheit der Lehre berufen **(Art. 5 Abs. 3 GG)**. Wissenschaftlich gelehrt wird ausschließlich an den Hochschulen. Wenn diese nicht grundrechtsberechtigt wären, gäbe es niemanden, der sich darauf berufen könnte;

Art. 140 GG i.V.m. Art. 137 Abs. 5 Weimarer Reichsverfassung (WRV)

- die **Religionsgesellschaften** des öffentlichen Rechts (insbesondere die katholische und evangelische Kirche), die sich auf die Glaubens- und Religionsfreiheit aus **Art. 4 GG** berufen können.

Umstritten ist, ob sich Gemeinden auf die Eigentumsgarantie des Art. 14 GG berufen können. Nach der Rspr. des BVerfG („Sasbach-Entscheidung", BVerfGE 61, 82) jedoch nicht!

II. Juristische Personen des Zivilrechts

Bei den juristischen Personen des Zivilrechts ist zunächst zu unterscheiden zwischen

- **ausländischen** juristischen Personen, die sich nach dem (klaren) Wortlaut des Art. 19 Abs. 3 GG **nicht** auf die Grundrechte berufen können, und den
- **inländischen** juristischen Personen, die dann grundrechtsfähig sind, wenn die Grundrechte **ihrem Wesen nach** auch auf die juristische Person anwendbar sind.

1. Die „Sitztheorie"

Die Abgrenzung zwischen einer inländischen und einer ausländischen juristischen Person wird vom BVerfG nach der sogenannten Sitztheorie vorgenommen. Befindet sich der Sitz der Hauptverwaltung in Deutschland, so handelt es sich um eine inländische juristische Person, befindet sich dieser außerhalb Deutschlands, dann handelt es sich um eine ausländische juristische Person.

Anmerkung: *Die „Sitztheorie" ist nach der Rspr. des EuGH zwar europarechtswidrig, wird aber vom BVerfG in st.Rspr. weiter angewandt (z.B. BVerfG NJW 2008, 670 f.). Daher sollte auch in einer Grundrechte-Klausur von der Sitztheorie ausgegangen werden.*

Unklar und umstritten ***war****, inwieweit die Grundrechte auf juristische Personen aus einem Mitgliedsstaat der EU anwendbar sind. Dies ist aber vom BVerfG geklärt worden, wonach auch juristische Personen aus einem Mitgliedsstaat der EU grundrechtsfähig sind (BVerfG, Beschl. v. 19.07.2011 – 1 BvR 1916/09).*

2. Wesensmäßige Anwendbarkeit

Die – insbesondere früher vom BVerfG vertretene – **Lehre vom personalen Substrat** eignet sich weniger für Klausuren.

Ein Grundrecht ist seinem Wesen nach auf die juristische Person anwendbar, wenn eine **vergleichbare grundrechtstypische Gefährdungslage**, wie bei natürlichen Personen, vorliegt. Dies ist insbesondere der Fall, wenn die Ausübung des jeweiligen Grundrechts auch kollektiv möglich ist, wie z.B. bei Art. 2 Abs. 1, 4 Abs. 1, Abs. 2, 8, 9, 12, 14 GG. Keine Grundrechtsfähigkeit besteht im Hinblick auf Grundrechte, die nur individuell betätigt werden können bzw. die unmittelbar mit der menschlichen Person als solcher verbunden sind, wie z.B. Art. 1 Abs. 1, 2 Abs. 2, 3 Abs. 2 und Abs. 3, 4 Abs. 3, 6 GG.

Beispiel: Eine GmbH kann Eigentümerin eines Grundstücks sein. Wenn der Staat die GmbH enteignet, dann ist die GmbH in ihrem Eigentumsrecht genauso betroffen wie eine natürliche Person, die Eigentümerin eines Grundstücks ist und enteignet wird. Dagegen kann man eine GmbH nicht erstechen, sodass eine vergleichbare grundrechtstypische Gefährdungslage hinsichtlich des Grundrechts auf Leben (Art. 2 Abs. 2 S. 1 GG) nicht gegeben ist.

Allerdings gibt es auch umstrittene Fragen. Ist z.B. das Recht der persönlichen Ehre als Teil des allgemeinen Persönlichkeitsrechts (Art. 2 Abs. 1 i.V.m. Art. 1 Abs. 1 GG) auf eine juristische Person anwendbar? Dagegen könnte sprechen, dass Art. 1 GG von der Würde „des Menschen" spricht. Die h.M. wendet das Persönlichkeitsrecht als „sozialen Geltungsanspruch eines Wirtschaftsunternehmens" (guter Ruf) aber auch auf juristische Personen an.

Grundrechtsfähigkeit

- **natürliche Personen**
  - von Geburt bis Tod (Ausn.: nasciturus, postmortales Persönlichkeitsrecht)
    - Menschenrechte
    - Bürgerrechte
      - nur Deutsche
      - EU-Ausländer str.
- **juristische Personen**
  - des öffentlichen Rechts
    - grundsätzlich nicht
    - Ausn.:
      - Rundfunk
      - Universitäten
      - Kirchen
  - des Zivilrechts
    - ausländisch
      - grundsätzlich nicht
      - Ausn.: JustizGR
    - inländisch
      - Art. 19 Abs. 3 GG (+), wenn wesensmäßig anwendbar
      - auch jur. Personen aus EU

Check: Grundrechtsverpflichtete/-berechtigte

1. Wer ist an die Grundrechte gebunden?

1. An die Grundrechte sind gemäß Art. 1 Abs. 3 GG die Gesetzgebung, die vollziehende Gewalt und die Rspr. gebunden.

2. Was meint „vollziehende Gewalt"?

2. Der Begriff ist weit zu verstehen und meint die Verwaltung, aber auch die Regierung und Träger mittelbarer Staatsgewalt wie die öffentlich-rechtlichen Rundfunkanstalten.

3. Gelten Grundrechte auch zwischen Privaten?

3. Grundrechte gelten grundsätzlich nicht zwischen Privaten. Allerdings können Grundrechte (über die unbestimmten Rechtsbegriffe oder Generalklauseln des Zivilrechts) mittelbar gelten, sogenannte mittelbare Drittwirkung von Grundrechten.

4. Was meint „Grundrechtsberechtigung" bzw. „Grundrechtsfähigkeit"?

4. Gemeint ist die Fähigkeit, Träger eines Grundrechts zu sein.

5. Inwieweit kann die Grundrechtsfähigkeit einer natürlichen Person problematisch sein?

5. Für Ausländer gelten die Bürger-/Deutschenrechte nicht. Sie können sich dann aber auf Art. 2 Abs. 1 GG berufen.

Die Grundrechtsfähigkeit beginnt mit der Geburt und endet mit dem Tod (Ausnahme: Recht auf Leben hinsichtlich des nasciturus; postmortales Persönlichkeitsrecht für Verstorbene).

6. Sind juristische Personen des öffentlichen Rechts grundrechtsfähig?

6. Grundsätzlich nicht (Konfusionsargument). Ausnahmen sind anerkannt für die öffentlich-rechtlichen Rundfunkanstalten (Art. 5 Abs. 1 S. 2 GG), die Universitäten (Art. 5 Abs. 3 GG) sowie die Religionsgesellschaften (Art. 4 GG).

7. Wie werden – i.S.d. Art. 19 Abs. 3 GG – inländische und ausländische juristische Personen unterschieden?

7. Nach der sogenannten Sitztheorie. Maßgeblich ist der Sitz der Hauptverwaltung.

8. Wie ist der Begriff „Juristische Person" im Art. 19 Abs. 3 GG zu verstehen?

8. Der Begriff ist weiter gefasst als im Zivilrecht. Neben den „echten" juristischen Personen (GmbH) fallen alle Zuordnungssubjekte von Rechtsnormen darunter, also auch teil- und nichtrechtsfähige Vereinigungen.

9. Wann können sich inländische juristische Personen des Zivilrechts auf die Grundrechte berufen?

9. Inländische juristische Personen können sich auf die Grundrechte berufen, wenn diese ihrem Wesen nach auf die juristische Person anwendbar sind.

10. Wann ist das der Fall?

10. Es werden zwei „Formeln" vertreten. (Insbesondere) früher wurde nach dem personalen Substrat gefragt. Heute wird gefragt, ob sich die juristische Person in einer vergleichbaren grundrechtstypischen Gefährdungslage befindet.

3. Teil: Einzelne Grundrechte

In den ersten Semestern werden typischerweise nicht alle Grundrechte problematisiert. Aus diesem Grunde werden hier ausschließlich die Grundrechte näher dargestellt, die in den Vorlesungen und in den Klausuren in den Anfangssemestern üblicherweise Gegenstand der Besprechung bzw. der Klausur werden.

Später in der Examensvorbereitung/im Examen wird allerdings eine umfassende Kenntnis aller Grundrechte und grundrechtsgleichen Rechte verlangt.

1. Abschnitt: Freiheitsrechte

Im Folgenden soll zunächst allgemein die Technik der Prüfung eines Freiheitsrechtes dargestellt werden (A.). Danach werden einzelne, besonders klausurrelevante Freiheitsrechte näher dargestellt (B.).

A. Technik der Grundrechtsprüfung

Die Prüfung der Verletzung eines Freiheitsgrundrechts läuft klassischerweise in drei Schritten ab:

- Abstecken des Schutzbereichs
- Feststellen, ob ein Eingriff in den Schutzbereich vorliegt
- Prüfung der verfassungsrechtlichen Rechtfertigung des Eingriffs

!

Anmerkung: *Diese Drei-Schritt-Prüfung entspricht der wohl h.M. Jeder Korrektor wird diese Art des Aufbaus anerkennen. Zumindest ergänzend sollte man aber wissen, dass sich dahinter nur zwei Wertungsstufen verbergen. Die Tatbestandsebene (Eingriff in den Schutzbereich) und die Rechtfertigungsebene, die sich im Übrigen auch noch unterteilen lässt.*

Jedenfalls erfolgt die Prüfung der Verletzung von Grundrechten im „Schutzbereichs-Eingriffs-Denken".

Die eigentlich verbotene ausgeübte Staatsgewalt

Auf der **Tatbestandsebene** geht es um die Definition von „Tabuzonen", in denen die Ausübung jeglicher Staatsgewalt gegenüber dem Bürger an sich verboten ist (Schutzbereichsdefinitionen), und um die Feststellung, ob dies doch geschehen ist (Eingriff).

Rechtfertigung von Eingriffen und Grenzen der Rechtfertigung

Auf der **Rechtfertigungsebene** wirken sodann zwei gegenläufige Kräfte. Dem Grundrechtsgebrauch kann der Staat nämlich einerseits gewisse Schranken ziehen, andererseits sind auch der Beschränkungsmöglichkeit wiederum bestimmte Grenzen gesetzt (sogenannte Schranken-Schranken).

Schema für die Prüfung von Freiheitsgrundrechten

Ist die Prüfung eines Freiheitsgrundrechts in der Klausur problematisch, so wird es im Sachverhalt etwa um folgende Konstellation gehen: Der Staat trifft irgendeine Maßnahme gegenüber dem Bürger (Beispiele: Erlass eines Gesetzes, eines Verwaltungsakts, eines Gerichtsurteils). Die Frage, ob dabei (Freiheits-)Grundrechte des Bürgers verletzt werden, wird dann mit Hilfe des folgenden Schemas beantwortet.

Aufbauschema zu Freiheitsgrundrechten

I. Schutzbereich betroffen

1. Leitbegriff (z.B. Art. 8 Abs. 1 GG – Versammlung)

2. Sachliche Schutzbereichsbegrenzungen (friedlich)

3. Persönliche Schutzbereichsbegrenzung (Deutsche)

II. Eingriff

1. im klassischen Sinne

2. im neueren, weiteren Sinne

III. Verfassungsrechtliche Rechtfertigung

1. Einschränkungsmöglichkeiten (Schranke)

a) Verfassungsunmittelbare Schranken

b) Gesetzesvorbehalt

aa) einfacher

bb) qualifizierter

c) Verfassungsimmanente Schranken

aa) Grundrechte Dritter

bb) Andere Werte von Verfassungsrang

2. Ist der Eingriff eine verfassungsgemäße Konkretisierung der Einschränkungsmöglichkeit? (Schranken-Schranken)

z.B.

a) Grundsatz der Verhältnismäßigkeit

b) Bestimmtheit

c) Zitiergebot, Art. 19 Abs. 1 S. 2 GG

I. Schutzbereich

Schutzbereichsbeschreibung

Die Tätigkeit, die der Bürger ausübt, muss in den Schutzbereich eines Grundrechts fallen. Man unterscheidet den **sachlichen** und den **persönlichen** Schutzbereich.

1. Sachlicher Schutzbereich

Was ist geschützt?

Zur Bestimmung des sachlichen Schutzbereichs müssen Sie den Text des in Betracht kommenden Grundrechts genau lesen und den Lebensbereich, in dem das Grundrecht wirkt, insbesondere aus den **Leitbegriffen** (z.B. „Eigentum" bei Art. 14 GG) ermitteln. Das BVerfG hat hier einiges an Vorarbeit geleistet, was Sie sich nutzbar machen können und letztlich müssen.

!

Anmerkung: *Im Klartext heißt das, ein wenig Schutzbereichsdefinitionen „pauken" ist wohl unumgänglich.*

Zu beachten gilt vor allem noch Folgendes:

In der Regel ist **auch die „negative Freiheit"** geschützt, also nicht nur z.B. die Berufsausübung bei Art. 12 Abs. 1 GG, sondern auch die Freiheit, einen bestimmten Beruf nicht zu ergreifen und nicht auszuüben.

Eine besondere Rolle spielt das „Auffanggrundrecht" des Art. 2 Abs. 1 GG, das nach h.M. die allgemeine Handlungsfreiheit gewährleistet und damit prinzipiell alle Betätigungen und Lebensbereiche erfasst, die nicht einem speziellen Freiheitsgrundrecht unterfallen. Sie müssen hier immer zunächst prüfen, ob ein spezielles Freiheitsgrundrecht einschlägig ist, bevor Sie Art. 2 Abs. 1 GG anwenden, denn auf derselben Normebene gilt der Grundsatz: „Das speziellere Gesetz verdrängt das allgemeinere".

2. Persönlicher Schutzbereich

Wer ist geschützt?

Hier geht es um die Frage, ob der Betreffende überhaupt Träger des geltend gemachten Grundrechts sein kann, die sogenannte **Grundrechtsfähigkeit**. Das ist bei jedem Deutschen grundsätzlich der Fall und von daher in der Klausur allenfalls kurz zu erwähnen.

Vgl. oben 2. Teil, 5. Abschnitt, A. (S. 14)

Folgende Besonderheiten können aber zur Prüfung anstehen:

- **Ausländer**

  Manche Grundrechte sind nur „Deutschenrechte" (gemeint ist Deutscher i.S.d. Art. 116 Abs. 1 GG), vgl. z.B. Art. 8, 11, 12 Abs. 1 GG. Ausländer können sich hierauf nicht berufen. Für sie gelten nur die „Jedermannrechte" wie etwa Art. 2 Abs. 1, 2 Abs. 2, 5 Abs. 1 S. 1 GG.

Beispiel: Ist ein Amerikaner hinsichtlich seiner Berufsausübung ohne jeden Grundrechtsschutz in Deutschland, weil Art. 12 Abs. 1 GG ein Deutschengrundrecht ist? Wie Sie bereits erfahren haben, schützt Art. 2 Abs. 1 GG nach h.M. die allgemeine Handlungsfreiheit und ist somit als Auffanggrundrecht einschlägig. Schlagen Sie nach! Hier heißt es: „Jedermann ...“! Auch ein Amerikaner kann sich also zumindest auf Art. 2 Abs. 1 GG berufen.

Inwieweit sich nicht-deutsche EU-Bürger unter Berufung auf gemeinschaftsrechtliche Diskriminierungsverbote (Art. 18 AEUV bzw. auch besondere Diskriminierungsverbote) auch auf Deutschengrundrechte berufen können, ist noch nicht abschließend geklärt. Zum Teil wird auch die Auffassung vertreten, dass die Gleichstellung des EU-Ausländers in Bezug auf Deutschenrechte über Art. 2 Abs. 1 GG zu erfolgen habe, der EU-Bürgern gegenüber dann einen gleichwertigen Schutz gewähren soll.

■ **Juristische Personen**

Ihre Grundrechtsfähigkeit ist durch Art. 19 Abs. 3 GG bestimmt. Danach kommt es entscheidend darauf an, ob das jeweilige Grundrecht „seinem Wesen nach“ auf die juristische Person anwendbar ist. Die Anwendbarkeit ist bei vielen Grundrechten ohne Weiteres anzunehmen (z.B. Eigentum, Art. 14 GG). Bei anderen Grundrechten, wie beispielsweise Art. 2 Abs. 2 S. 1 GG (Leben und körperliche Unversehrtheit), ist die Anwendbarkeit auf juristische Personen dagegen offensichtlich ausgeschlossen.

Folgendes ist zu beachten:

Der verfassungsrechtliche Begriff der „juristischen Person“ ist untechnisch zu verstehen und daher weiter als der zivilrechtliche Begriff, den Sie erst später einmal genauer kennen lernen werden, von dem Sie aber schon jetzt eine ungefähre Vorstellung haben (denken Sie beispielsweise an eine GmbH oder eine AG, unstreitig zivilrechtlich sogenannte juristische Personen und damit wie natürliche Personen befähigt, als Träger von Rechten und Pflichten am Rechtsverkehr teilzunehmen). Unter den verfassungsrechtlichen Begriff der „juristischen Person“ fallen aber z.B. auch nicht eingetragene und damit nichtrechtsfähige Vereine, aber auch eine OHG oder KG, die im Zivilrecht nur als teilrechtsfähig gelten.

■ Warum aber sieht das GG überhaupt in Art. 19 Abs. 3 GG die **Grundrechtsträgerschaft von juristischen Personen** vor?

Sinn der Grundrechtsfähigkeit von juristischen Personen

Art. 19 Abs. 3 GG wird oft falsch verstanden. Auch wenn Art. 19 Abs. 3 GG auf den ersten Blick offenbar juristischen Personen

Grundrechtsschutz angedeihen lassen will, trügt dieser Eindruck. Grundrechte werden vom BVerfG stets streng individualistisch verstanden. Korporative Wahrnehmung der Grundrechte ist danach kein Selbstzweck.

Geschützt sind juristische Personen nur, weil und soweit ihre Bildung und Betätigung Ausdruck der freien Entfaltung der hinter ihnen stehenden natürlichen Personen ist.

Unternehmen, bei denen das Eigenkapital soweit in öffentlicher Hand liegt, dass die öffentliche Hand über eine beherrschende Einflussnahme verfügt, kommen als Grundrechtsträger daher beispielweise nicht in Betracht.

- Können **juristische Personen des öffentlichen Rechts** Grundrechtsträger sein?

Sie kommen nach dem Gesagten natürlich gerade nicht als Grundrechtsträger in Betracht. Grundrechte würden gerade in ihr Gegenteil verkehrt, könnten sich Träger von Staatsgewalt auf sie berufen (Konfusionsargument).

Aber natürlich gibt es auch hier Ausnahmen: öffentlich-rechtliche Rundfunkanstalten, die Landesmedienanstalten, Universitäten und Fakultäten sind im Hinblick auf Art. 5 Abs. 1 S. 2 GG bzw. Art. 5 Abs. 3 GG Grundrechtsträger.

Genauer betrachtet handelt es sich aber auch hier nur um eine Bestätigung der Regel: So dient etwa die Rundfunkfreiheit der Gewährleistung freier individueller und öffentlicher Meinungsbildung. Die den öffentlich-rechtlichen Rundfunkanstalten eingeräumte Freiheit ist also auch hier nicht das mit der Grundrechtsträgerschaft eigentlich verfolgte Ziel. Das BVerfG spricht zu Recht von einer dienenden Freiheit.

Eine gewisse Sonderstellung nehmen schließlich noch Religionsgemeinschaften ein, was wir uns aber hier noch nicht merken müssen und uns besser später beim konkreten Grundrecht notieren.

„Werdendes Leben“ und Verstorbene

- **Nasciturus/Verstorbene**

Zuletzt sollte nicht übersehen werden, dass in Bezug auf Art. 1 Abs. 1 GG (Menschenwürde) und Art. 2 Abs. 2 S. 1 GG (Leben und körperliche Unversehrtheit) auch „schon“ der Nasciturus (die Leibesfrucht) und in Bezug auf Art. 1 Abs. 1 GG auch postmortaler Würdeschutz in Betracht kommen.

II. Eingriff in den Schutzbereich

Eindringen des Staates in den Schutzbereich

Ist der Schutzbereich eines Grundrechts betroffen, so muss des Weiteren geprüft werden, ob durch eine staatliche Maßnahme in diesen Schutzbereich eingegriffen wurde. Dabei werden zwei unterschiedliche Eingriffsbegriffe unterschieden, und zwar

- der klassische Eingriffsbegriff und
- der neue, weite Eingriffsbegriff.

1. Der klassische (enge) Eingriffsbegriff

Eingriff im klassischen Sinne

Wenn der Staat sich imperativ (durch Gesetze, Verwaltungsakte oder Gerichtsurteile) an den Bürger wendet, wenn er einen bestimmten Gewährleistungsbereich durch Verbote, Sanktionen etc. zielgerichtet („final") und unmittelbar verkürzt, so liegt unproblematisch ein Eingriff in den Schutzbereich vor. Man spricht insoweit vom klassischen engen Eingriffsbegriff, da früher nur solche Eingriffe als Eingriff in den Schutzbereich eines Grundrechts begriffen wurden.

!

Merke: *Ein Eingriff im klassischen Sinne ist jede* ***finale, unmittelbare, imperative*** *Beeinträchtigung des Schutzbereiches durch einen staatlichen* ***Rechtsakt****.*

Beispiel: Durch das Nichtraucherschutzgesetz wird das Rauchen in Gebäuden der Bundesbehörden verboten. Hier greift der Staat durch das Gesetz (= Rechtsakt) zielgerichtet (also final) in die Handlungsfreiheit der Raucher aus Art. 2 Abs. 1 GG ein. Das gesetzliche Verbot muss auch nicht mehr weiter umgesetzt werden, z.B. durch einen Akt des Behördenleiters, sodass das Gesetz auch unmittelbar in die Handlungsfreiheit eingreift.

2. Der neue (weite) Eingriffsbegriff

Realakte

Jedoch kann auch auf andere Weise in Grundrechte eingegriffen werden. In der neueren Rspr. und Lit. ist der neue weite Eingriffsbegriff anerkannt. Danach kann auch durch Realakte (= schlichtes hoheitliches Handeln im Gegensatz zum Erlass von Gesetzen, Verwaltungsakten oder Gerichtsurteilen) in Grundrechte eingegriffen werden.

Beispiel für einen Realakt: Durch einen Vermessungsfehler wird beim Bau einer Straße auf einem Kilometer privater Grund in Anspruch genommen.

Faktisch-mittelbare Grundrechtsbeeinträchtigungen

Des Weiteren ist anerkannt, dass auch Grundrechtsbeeinträchtigungen durch Gesetze oder Verwaltungsakte möglich sind, die nicht unmittelbar und final auf die Grundrechtsbeeinträchtigung gerichtet sind, sondern nur faktisch-mittelbar in den Schutzbereich eingreifen. Dabei wird aber vorausgesetzt, dass diese Grundrechtsbeeinträchtigung dem Staat zurechenbar ist.

Wenn sie mehr wissen wollen:
AS-Skript Grundrechte (2015), Rn. 24–81 (zur Technik der Prüfung von Freiheitsrechten)

Eingriffe	
im klassischen Sinne	im neuen, weiten Sinne
■ final (zielgerichtet) ■ unmittelbar ■ imperativ ■ durch Rechtsakt	jede Beschränkung des Freiheitsbereichs eines Grundrechts **durch den Staat**

III. Verfassungsrechtliche Rechtfertigung

Rechtfertigung des Eingriffs und Grenzen der Rechtfertigung

Eingriffe in den Schutzbereich von Grundrechten können verfassungsrechtlich gerechtfertigt sein. Grundrechte gelten nicht schrankenlos. Bei der Beschränkung muss aber auch der Staat gewisse Grenzen beachten, die sogenannten „Schranken-Schranken“ (also die Schranken der Schranken).

Das bedeutet, dass ein Eingriff des Staates in den vom Grundrecht geschützten Lebensbereich natürlich dann das Grundrecht verletzt, wenn der Staat mangels **Einschränkungsmöglichkeit** (Schranke) gar nicht in das Grundrecht eingreifen dürfte.

Aber selbst wenn der Staat eine Einschränkungsmöglichkeit hat, darf er diese Möglichkeit nicht dazu nutzen, dass das Grundrecht **völlig wertlos** wird. Der Staat muss selbst wiederum beschränkt werden (Schranken-Schranken).

Beispiel: Art. 8 Abs. 1 GG schützt die Versammlungsfreiheit. Dieses Recht darf gemäß Art. 8 Abs. 2 GG für Versammlungen unter freiem Himmel durch oder auf Grund eines Gesetzes beschränkt werden (Schranke). Der Staat könnte nunmehr überlegen, ein neues Versammlungsgesetz zu erlassen, in dem geregelt ist, dass Versammlungen unter freiem Himmel verboten sind, und dass derjenige, der dagegen verstößt, mit einer Freiheitsstrafe nicht unter fünf Jahren bestraft wird.

Eine solche Einschränkung der Versammlungsfreiheit, die zunächst über Art. 8 Abs. 2 GG möglich wäre, würde aber das Versammlungsrecht völlig aushöhlen. Niemand würde für eine Versammlung eine Freiheitsstrafe nicht unter fünf Jahren riskieren, sodass das Grundrecht sinnentleert würde. Also muss der Staat selbst wiederum beschränkt werden.

1. Grundrechtsschranken

Vorweg wird in der Klausur die **Schrankensystematik des konkreten Grundrechts** ermittelt, erst anschließend erfolgt die Prüfung, ob nach den Voraussetzungen der gefundenen Beschränkungsmöglichkeit der Eingriff auch verfassungsrechtlich gerechtfertigt ist, dazu sogleich unter b).

Zunächst ist aus dem Grundrecht selbst herauszulesen, inwieweit es eingeschränkt werden kann, dann ist die Grundrechtsschranke festzulegen.

a) Uneinschränkbare Grundrechte mit Ausgestaltungsvorbehalt

Einzelne Grundrechte sind im Prinzip nicht einschränkbar. Die Gewährleistung kann nur näher ausgestaltet, aber nicht verkürzt werden.

Beispiele: Art. 4 Abs. 3 S. 1 GG regelt, dass niemand gegen seinen Willen zum Kriegsdienst mit der Waffe gezwungen werden darf. Das „Nähere" i.S.v. Art. 4 Abs. 3 S. 2 GG ist heute insbesondere in den §§ 54 ff. WehrpflichtG geregelt („Freiwilliger Wehrdienst").

Das Wahlrecht gemäß Art. 38 Abs. 1 S. 1 GG ist näher im von Art. 38 Abs. 3 GG vorgesehenen Bundeswahlgesetz konkretisiert.

b) Andere Grundrechte

Andere Grundrechte können in dreierlei Weise eingeschränkt werden, d.h. es gibt drei Arten von Grundrechtsschranken:

- Verfassungsunmittelbare Schranken
- Einschränkungsmöglichkeit durch oder aufgrund eines Gesetzes (sogenannte **Gesetzesvorbehalte**)
- Kollidierendes Verfassungsrecht als Grundrechtsschranke (sogenannte **verfassungsimmanente Schranken**)

Verfassungsunmittelbare Schranken

Verfassungsunmittelbare Schranken, bei denen sich die Schranke aus dem Grundgesetz selbst ergibt. Diese Schranke ist selten; Beispiele dafür finden Sie in Art. 9 Abs. 2 (Verbot bestimmter Vereine) und Art. 13 Abs. 7 Hs. 1 GG (Beschränkung der Unverletzlichkeit der Wohnung bei dringenden Gefahren).

Dies bedeutet: Wenn ein Polizist eine Wohnung betreten will, weil ein konkreter Verdacht dafür besteht, dass in der Wohnung eine konkrete Lebensgefahr für einen Menschen besteht, könnte der

Polizist **mit der Ermächtigungsgrundlage** des Art. 13 Abs. 7 Hs. 1 GG die Wohnung betreten. Eine weitere Ermächtigung, z.B. durch das Polizeigesetz, ist nicht erforderlich.

Einschränkungsmöglichkeit durch oder aufgrund eines Gesetzes

Gesetzesvorbehalte sind die bedeutendsten Schranken. Der Gesetzgeber hat hier die Möglichkeit zur Einschränkung des Grundrechts eingeräumt bekommen. Dabei ist zwischen **einfachen** und **qualifizierten** Gesetzesvorbehalten zu unterscheiden.

- Bei **einfachen Gesetzesvorbehalten** werden an das Gesetz keine besonderen Anforderungen gestellt (nur die Schranken-Schranken müssen beachtet werden, dazu sogleich). Einfache Gesetzesvorbehalte erkennen Sie etwa an der Formulierung „Einschränkung durch Gesetz oder aufgrund Gesetzes".

  Beispiel: Art. 8 Abs. 2 GG (Versammlungen unter freiem Himmel können durch Gesetz oder aufgrund Gesetzes beschränkt werden).

- Bei **qualifizierten Gesetzesvorbehalten** werden an das Gesetz besondere, über die Beachtung der Schranken-Schranken hinausgehende Anforderungen gestellt.

  Beispiele: Art. 11 Abs. 2 GG (der an die Einschränkung der Freizügigkeit im Bundesgebiet strenge Anforderungen stellt), Art. 5 Abs. 2 Fall 1 GG („allgemeines Gesetz", das die Rechte aus Art. 5 Abs. 1 GG einschränken kann, dazu später unter E. Näheres).

Kollidierendes Verfassungsrecht als Grundrechtsschranke

Schließlich können Grundrechte durch **kollidierendes Verfassungsrecht** (verfassungsimmanente Schranken) eingeschränkt werden. Wichtig ist das vor allem für an sich vorbehaltlos gewährte Grundrechte, bei denen sich also aus dem Wortlaut keine Schranke ergibt, vgl. z.B. Art. 5 Abs. 3 GG (Kunst- und Wissenschaftsfreiheit). Zum Schutz der Grundrechte Dritter oder zum Schutz anderer Verfassungsgüter (verfassungsimmanente Schranken) ist ein Eingriff möglich. Nach h.M. handelt es sich hier ebenfalls um eine Frage der Rechtfertigung des Eingriffs.

Beispiel: A möchte – künstlerisch wertvoll – Wilhelm Tell nachspielen. Er bindet B an einen Baum, setzt ihm einen Apfel auf seinen Kopf und schießt mit einer Armbrust Pfeile. Als der Polizeibeamte A dies untersagen will, meint A, „Kunst sei frei, und zwar uneinschränkbar". Hier könnte der Polizeibeamte die Kunstfreiheit des A zum Schutze des Lebens des B (Art. 2 Abs. 2 S. 1 GG) einschränken.

2. Schranken-Schranken

Eingriff von den Eingriffsmöglichkeiten gedeckt?

Wenn Sie festgestellt haben, ob und wie das Grundrecht eingeschränkt werden darf, müssen Sie untersuchen, ob der Eingriff, den Sie bereits oben festgestellt haben, von den oben gefundenen Einschränkungsmöglichkeiten gedeckt ist.

Ist dies der Fall, so ist der Eingriff verfassungsrechtlich gerechtfertigt. Ist dies nicht der Fall, so ist das Grundrecht verletzt.

!

Diese Ebene der Prüfung wird **(fälschlicherweise)** oft lediglich als „Schranken-Schranken"-Prüfung bezeichnet. Die Überschrift Schranken-Schranken macht aber gar nicht deutlich, was auf dieser Ebene tatsächlich zu prüfen ist.

Eigentlich wird auf dieser Ebene geprüft, ob der Eingriff in das Grundrecht eine verfassungsgemäße Konkretisierung der Einschränkungsmöglichkeit darstellt.

Beispiel: Wenn Sie ein Lehrbuch aufschlagen, wird unter dem Begriff „Schranken-Schranken" die formelle Verfassungsmäßigkeit eines Gesetzes (richtigerweise) nicht als Schranken-Schranke dargestellt. Stellen wir uns vor, wir überprüfen die Frage, ob das Versammlungsgesetz Art. 8 GG verletzt. Das Versammlungsgesetz greift in den Schutzbereich des Art. 8 GG ein. Jetzt prüfen wir, ob dieser Eingriff **verfassungsrechtlich gerechtfertigt** ist. Eine Einschränkungsmöglichkeit besteht (Art. 8 Abs. 2 GG „durch Gesetz"). Wäre aber der Eingriff in Art. 8 GG verfassungsrechtlich durch ein Gesetz zu rechtfertigen, welches formell verfassungswidrig ist? Bestimmt nicht! Aus diesem Grunde muss geprüft werden, ob der Eingriff in das Grundrecht eine verfassungsgemäße Konkretisierung der Einschränkungsmöglichkeit darstellt, und zu dieser Prüfung gehört auch die formelle Verfassungsmäßigkeit des Gesetzes.

Wenn Sie den Prüfungsaufbau in entsprechenden Falllösungen nachlesen wollen: AS-FallSkript „Grundrechte – Staatsorganisationsrecht" (2016)

Prüfung bei an sich vorbehaltlos gewährten Grundrechten

Bei nicht einschränkbaren Grundrechten müssen Sie vorab untersuchen, ob das Gesetz das auszugestaltende Grundrecht verfassungsmäßig konkretisiert oder auf die Durchsetzung kollidierenden Verfassungsrechts (verfassungsimmanente Schranken) zielt. Sie können dann im Übrigen wie bei der Prüfung eines Gesetzesvorbehalts verfahren:

Prüfung (nur) auf der Normebene

a) Wenn durch ein formelles Gesetz in den Schutzbereich des Grundrechts eingegriffen wird, so müssen Sie prüfen, ob das Gesetz formell und materiell rechtmäßig, d.h. verfassungsgemäß, ist (Prüfung auf der Normebene).

Formelle Verfassungsmäßigkeit

aa) Bei der **formellen Verfassungsmäßigkeit** prüfen Sie im Wesentlichen staatsorganisatorische Fragen, wie z.B. Zuständigkeit des Bundesgesetzgebers (Art. 70 ff. GG), ordnungsgemäßes Gesetzgebungsverfahren (Art. 76 ff. GG) etc. Ist das Gesetz formell verfassungswidrig, so stellt dies allein schon eine Verletzung des Grundrechts dar. Sie sehen also, dass auch im Rahmen der Grundrechtsprüfung Fragen des Staatsorganisationsrechts eine Rolle spielen können.

Materielle Verfassungsmäßigkeit

bb) Bei der **materiellen Verfassungsmäßigkeit** prüfen Sie bei Veranlassung zunächst Vorschriften außerhalb des Grundrechtskatalogs (z.B. Art. 80 Abs. 1 GG). Dann folgt die grundrechtsspezifische Prüfung der besonderen und der allgemeinen Schrankenanforderungen:

- Vorschriften außerhalb des Grundrechtskatalogs (z.B. Art. 80 GG, Verfassungsprinzipien nach Art. 20 GG, insbesondere das Rechtsstaatsprinzip)
- Daran anschließend folgt die **grundrechtsspezifische Prüfung**. Die Grenzen der Einschränkungsmöglichkeit des betroffenen Grundrechts müssen beachtet werden.
  - Sie prüfen zunächst, ob besondere Schrankenanforderungen an die Schranke gestellt werden (z.B. beim qualifizierten Gesetzesvorbehalt die Beachtung der dort aufgestellten Anforderungen, vgl. etwa Art. 5 Abs. 2 GG).

Ist dies beachtet worden, so muss der Gesetzgeber vor allem die allgemeinen (nicht nur bei dem konkreten Grundrecht geltenden) Schrankenanforderungen beachten.

!

Hinweis: *Üblicherweise werden nur diese allgemeinen Anforderungen „Schranken-Schranken" genannt, obwohl der Begriff eigentlich auf alle Beschränkungen passt, die für den Gesetzgeber gelten, wenn er dem Grundrechtsgebrauch Schranken zieht. Gelegentlich finden sich daher – sachlich durchaus richtig – insbesondere auch die besonderen Schrankenanforderungen unter dem Begriff „Schranken-Schranken" wieder.*

- Folgende allgemeine Schrankenanforderungen (Schranken-Schranken) muss der Gesetzgeber beachten:

Den **Grundsatz der Verhältnismäßigkeit**, der eine besondere Ausprägung des Rechtsstaatsprinzips darstellt und später noch näher erörtert wird (vgl. 3. Teil, S. 46). Der Grundsatz der Verhältnismäßigkeit ist die bedeutsamste Schranken-Schranke.

Das **Verbot einschränkender Einzelfallgesetze** gemäß Art. 19 Abs. 1 S. 1 GG.

Das **Zitiergebot** gemäß Art. 19 Abs. 1 S. 2 GG, das verlangt, dass grundsätzlich das Gesetz das Grundrecht nennen muss, das eingeschränkt wird.

Die **Wesensgehaltsgarantie** des Art. 19 Abs. 2 GG, aufgrund derer kein Grundrecht in seinem Wesensgehalt eingeschränkt werden darf.

Art. 19 Abs. 1 S. 1 und Art. 19 Abs. 2 GG bedürfen in der Klausur in der Regel keiner Erwähnung, wenn der Sachverhalt nicht ausnahmsweise Anlass dazu bietet.

Art. 19 Abs. 1 S. 2 GG (Zitiergebot) wird, da es den Gesetzgeber im Wesentlichen nur unnötig bei der Gesetzgebung behindert, vom BVerfG ausgesprochen restriktiv angewendet. Es gilt nur noch für zielgerichtete Grundrechtseingriffe und nur noch für die Einschränkungsvorbehalte in Art. 2 Abs. 2 S. 3, 6 Abs. 3, 8 Abs. 2, 10 Abs. 2, 11 Abs. 2, 13 Abs. 2, Abs. 3, 16 Abs. 1 S. 2 GG.

Normebene – **Anwendungsebene**

b) Wenn durch andere Akte der öffentlichen Gewalt (durch Verordnungen und Satzungen, Verwaltungsakte, Realakte, Gerichtsurteile etc.) in den Schutzbereich von Grundrechten eingegriffen wird, muss für diesen Akt eine wirksame gesetzliche Grundlage bestehen (Prüfung auf der Normebene) und er muss auf dieser Grundlage rechtmäßig ergangen sein (Prüfung auf der Anwendungsebene).

Es muss in diesem Zusammenhang ebenfalls – wie oben – die Wirksamkeit der gesetzlichen Grundlage geprüft werden und ob dieses Gesetz von den Einschränkungsmöglichkeiten gedeckt ist.

Zur Wesentlichkeitstheorie vgl. Basiswissen Staatsorganisationsrecht (2015), S. 27.

In „wesentlichen" Angelegenheiten, in denen intensiv in Rechte des Bürgers eingegriffen wird, wird nach der **Wesentlichkeitstheorie** ein ausreichend bestimmtes Parlamentsgesetz als Grundlage gefordert. Wesentliche Bereiche dürfen nicht der Exekutive zur Regelung überlassen werden, ein materielles Gesetz reicht in diesem Fall nicht aus.

Im Übrigen muss der „andere" Akt der öffentlichen Gewalt seinerseits (formell und materiell) rechtmäßig sein, insbesondere im Rahmen der materiellen Prüfung die Tatbestandsvoraussetzungen der gesetzlichen Grundlage erfüllen – die Exekutive und die Judikative sind an die Gesetze gebunden, vgl. Art. 20 Abs. 3 GG! – und er muss auch seinerseits verhältnismäßig sein.

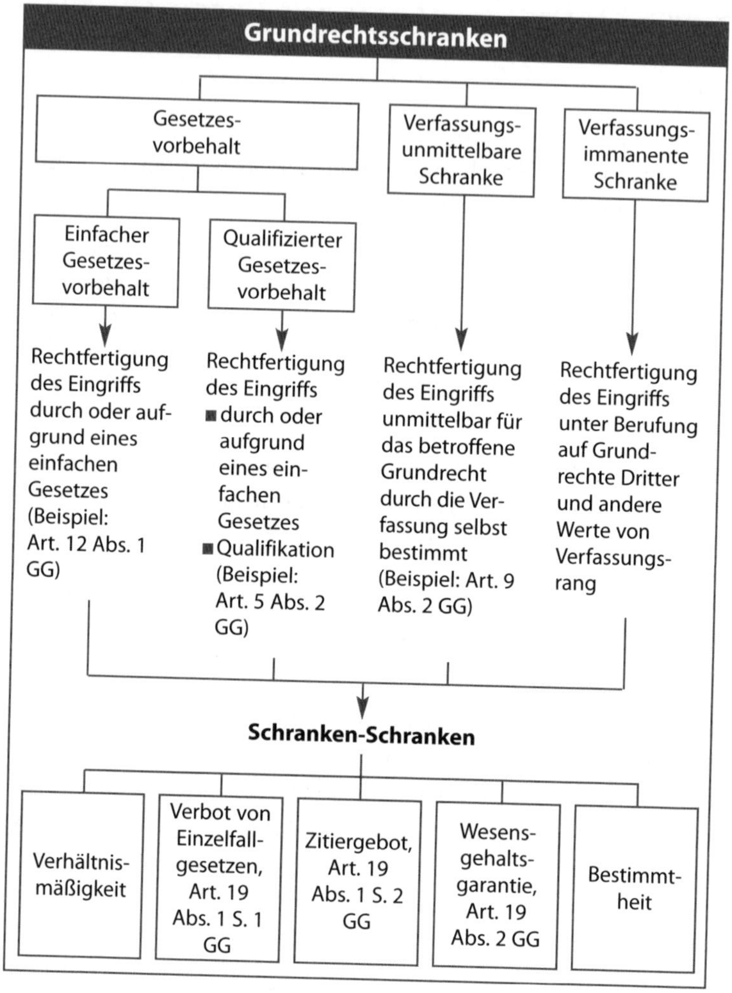

Anmerkung zur Übersicht: Vorschriften außerhalb des Grundrechtskatalogs und besondere Schrankenanforderungen, die nur für die Einschränkung bestimmter Grundrechte gelten, sind gegebenenfalls als „weitere Schranken-Schranken" bei der Grundrechtsprüfung zu berücksichtigen.

Wenn Sie mehr wissen wollen:
AS-Skript Grundrechte (2015), Rn. 50 –81 (zur verfassungsrechtlichen Rechtfertigung von Eingriffen in ein Freiheitsrecht)
Klausurtipp:
AS-FallSkript Grundrechte/Staatsorganisationsrecht (2016), Fälle 2–20

Check: Technik der Grundrechtsprüfung

1. Welche Prüfungen werden im „Schutzbereich" vorgenommen?

1. Es wird der Schutzbereich in sachlicher und persönlicher Hinsicht überprüft. Im sachlichen Schutzbereich wird zunächst der Leitbegriff definiert und subsumiert. Eventuell müssen danach sachliche Schutzbereichsbeschränkungen geprüft werden. Im persönlichen Schutzbereich stellt sich die Frage, ob sich der Bürger/die juristische Person auf das Grundrecht berufen kann, also Grundrechtsträger sein kann.

2. Erklären Sie die beiden Eingriffsbegriffe!

2. Nach dem „klassischen Eingriffsbegriff" sind Eingriffe nur finale, unmittelbare und imperative Beschränkungen des Grundrechts durch Rechtsakte.
Der neue, moderne Eingriffsbegriff ist weiter gefasst. Danach fallen auch Realakte und faktisch-mittelbare Beeinträchtigungen unter den Eingriffsbegriff. Ein Eingriff ist jede Beschränkung des Freiheitsbereiches eines Grundrechts durch den Staat.

3. Welche Grundrechtsschranken gibt es?

3. Zu unterscheiden sind (einfache und qualifizierte) Gesetzesvorbehalte, verfassungsunmittelbare Schranken und verfassungsimmanente Schranken.

4. Was bedeutet „verfassungsunmittelbare Schranke"?

4. Dies bedeutet, dass die Ermächtigungsgrundlage für den Staat zum Eingriff nicht erst vom Gesetzgeber geschaffen werden muss, sondern der Handelnde direkt aus dem Grundrecht zum Eingriff ermächtigt wird (Beispiel: Art. 13 Abs. 7 Hs. 1 GG).

5. Was sind verfassungsimmanente Schranken?

5. Das sind die Grundrechte Dritter oder andere Werte von Verfassungsrang. Das bedeutet, dass (auch vorbehaltlos) gewährte Grundrechte zum Schutze anderer Grundrechte eingeschränkt werden können.

6. Was wird auf der Ebene der „Schranken-Schranken" geprüft?

6. Hier wird geprüft, ob es sich bei dem Eingriff in das Grundrecht nach den Einschränkungsmöglichkeiten (Schranke) um eine verfassungsgemäße Konkretisierung handelt. Das heißt, dass ein Eingriff durch einen Verwaltungsakt, welcher auf einem Gesetz beruht, nur dann verfassungsgemäß ist, wenn das Gesetz selbst (formell und materiell) verfassungsgemäß ist und der Verwaltungsakt selbst auch verfassungsgemäß ist.

7. Nennen Sie wichtige „Schranken-Schranken"!

7. Der Grundsatz der Verhältnismäßigkeit, der Bestimmtheitsgrundsatz, die Wesensgehaltsgarantie, das Zitiergebot, das Einzelfallgesetzverbot.

8. Wie wird der Grundsatz der Verhältnismäßigkeit geprüft?

8. Zunächst ist festzustellen, ob ein legitimer Zweck verfolgt wird. Die Maßnahme muss dann geeignet, erforderlich und angemessen sein, um diesen Zweck zu erreichen.

B. Die allgemeine Handlungsfreiheit, Art. 2 Abs. 1 GG

In Art. 2 GG finden Sie nicht nur die allgemeine Handlungsfreiheit, sondern ganz verschiedene Gewährleistungsbereiche, die Sie strikt voneinander trennen müssen:

Art. 2 Abs. 1 GG gewährleistet das „Recht auf freie Entfaltung der Persönlichkeit". Nach h.M. handelt es sich dabei um das **Auffanggrundrecht** der allgemeinen Handlungsfreiheit (dazu sogleich mehr!).

In **Art. 2 Abs. 2 S. 1 GG** finden Sie das Recht auf Leben und körperliche Unversehrtheit (siehe dazu auch die speziellen Schranken-Schranken aus Art. 102, 104 Abs. 1 S. 2 GG).

Durch **Art. 2 Abs. 2 S. 2 GG** wird die Freiheit der Person geschützt. Daneben ist das grundrechtsgleiche Recht des Art. 104 GG zu beachten, der für Freiheitsentziehungen besondere Schrankenanforderungen aufstellt. Schreiben Sie sich also wechselseitig Art. 104 GG an Art. 2 Abs. 2 S. 2 GG und umgekehrt Art. 2 Abs. 2 S. 2 GG an Art. 104 GG!

Allgemeines Persönlichkeitsrecht

Aus **Art. 2 Abs. 1 i.V.m. Art. 1 Abs. 1 GG** leitet das BVerfG schließlich das Allgemeine Persönlichkeitsrecht ab, das ganz verschiedene Ausformungen hat. Darunter fällt z.B. das Recht am eigenen Bild, der Schutz der persönlichen Ehre, das Recht auf Kenntnis der eigenen Abstammung etc.

I. Schutzbereich des Art. 2 Abs. 1 GG

Gewährleistungen des Art. 2 Abs. 1 GG

Was man unter dem „Recht auf freie Entfaltung der Persönlichkeit" versteht, das Art. 2 Abs. 1 GG gewährleistet, ist umstritten.

Kernbereichstheorie

Eine Ansicht – die sogenannte Kernbereichstheorie – versteht darunter nur den Bereich, den der Mensch benötigt, um seine **Wesenslage als geistige Persönlichkeit zu entfalten**.

Schutz von vergleichsweise wichtigen Formen der Persönlichkeitsentfaltung

Nach einer anderen Ansicht sollen von Art. 2 Abs. 1 GG nur solche Freiheitsbetätigungen geschützt sein, die von ihrer Gewichtigkeit mit den von den anderen Freiheitsgrundrechten geschützten Betätigungen (z.B. Berufsausübung, Meinungsäußerung etc.) **vergleichbar** sind.

Schutz jeglicher Form der Persönlichkeitsentfaltung

Das **BVerfG und die h.M.** sehen hingegen von Art. 2 Abs. 1 GG prinzipiell jedes menschliche Verhalten als geschützt an. Art. 2 Abs. 1 GG erfasst damit als „Auffanggrundrecht" alle Betätigungen, die nicht unter die anderen Freiheitsgrundrechte fallen – also auch z.B. so relativ unbedeutende Formen der Persönlichkeitsentfaltung wie das Taubenfüttern auf öffentlichen Plätzen. Art. 2 Abs. 1 GG wird demzufolge auch als die **„allgemeine Handlungsfreiheit“** bezeichnet.

!

Beachten Sie: *Soweit aber ein spezielles Grundrecht einschlägig ist (z.B. Art. 12, 14 GG etc.) dürfen Sie nicht zusätzlich auf Art. 2 Abs. 1 GG zurückgreifen! Es gilt insoweit der Grundsatz: „Das speziellere Gesetz verdrängt das allgemeine.“*

Beispiele:

1. Die Freiheit, aus der BRD auszureisen, kann unter gewissen, im Passgesetz geregelten Voraussetzungen beschränkt werden. Art. 11 GG gewährleistet aber nur die Freizügigkeit innerhalb des Bundesgebiets. Für die Ausreisefreiheit ist auf Art. 2 Abs. 1 GG zurückzugreifen (vgl. die „Elfes-Entscheidung“, BVerfGE 6, 32).

2. Bereits oben wurde angesprochen, dass die berufliche Betätigung der Ausländer nicht über Art. 12 Abs. 1 GG, sondern „nur“ über Art. 2 Abs. 1 GG geschützt ist, da Art. 12 Abs. 1 GG ein „Deutschenrecht“ ist. Deutschenrechte sind z.B. auch Art. 11 GG (Freizügigkeit innerhalb des Bundesgebiets), Art. 8 GG (Versammlungsfreiheit), Art. 9 GG (Vereinigungsfreiheit). Auch insoweit sind die Ausländer „nur“ über Art. 2 Abs. 1 GG geschützt.

3. Des Weiteren sind vor allem an sich recht bedeutungslose Formen der Persönlichkeitsentfaltung durch Art. 2 Abs. 1 GG thematisiert: Reiten im Walde, Autofahren ohne Sicherheitsgurt etc., eben prinzipiell jedes menschliche Verhalten, das nicht in den Schutzbereich eines speziellen Freiheitsrechts fällt.

II. Eingriffe in den Schutzbereich des Art. 2 Abs. 1 GG

Enger Eingriffsbegriff

Sie sehen selbst, dass das BVerfG und die h.M. den Schutzbereich des Art. 2 Abs. 1 GG extrem weit fassen. Wendet man hier nun – wie bei anderen Grundrechten – auch noch den mittelbaren Eingriffsbegriff an, so besteht die Gefahr, dass die Verfassungsbeschwerden überhand nehmen.

Beispiel: Die Gemeinde G weist ein schönes Waldgebiet, das von Spaziergängern gerne aufgesucht wird, als Bauland aus, mit der Folge, dass alsbald ein Wohngebiet daraus wird. Hieraus könnte man einen mittelbaren Eingriff in die allgemeine Handlungsfreiheit der Spaziergänger ableiten. Da in einer Vielzahl von Fällen „mittelbare Eingriffe in die allgemeine Handlungsfreiheit“ konstruierbar sind, könnte sich bei deren Annahme das BVerfG vor Verfassungsbeschwerden nicht mehr retten.

Deshalb sollte hier – im Gegensatz zu den speziellen Freiheitsrechten – nur der **„klassische Eingriffsbegriff“** angewandt werden. Nur jede finale, direkt an den Bürger adressierte Belastung durch eine staatliche Maßnahme stellt also einen Eingriff dar, also z.B. das Verbot der Taubenfütterung auf öffentlichen Plätzen, die Gurtpflicht etc.

III. Verfassungsrechtliche Rechtfertigung

Schranken

Sie sehen bei Art. 2 Abs. 1 GG **drei Einschränkungsmöglichkeiten**, von denen die Schranke der verfassungsmäßigen Ordnung die wichtigste darstellt.

1. Die Schranke der verfassungsmäßigen Ordnung

Gesetzesvorbehalt

Damit ist nach h.M. die gesamte verfassungsmäßige Rechtsordnung gemeint, also alle formellen und materiellen Gesetze, die verfassungsgemäß sind.

Sie müssen dabei – wie immer! – formelle und materielle Verfassungsmäßigkeit des Gesetzes prüfen. Die Schranke wird also **wie ein einfacher Gesetzesvorbehalt** geprüft.

Warum ist das so?

Sicherstellung staatlicher Handlungsfähigkeit

Auf der einen Seite wurde der Schutzbereich des Art. 2 Abs. 1 GG sehr weit ausgedehnt. Daher muss als Korrelat sowohl Zurückhaltung bei der Annahme eines Eingriffs geübt werden (s.o.), als auch im Rahmen der verfassungsrechtlichen Rechtfertigung eine weite Einschränkung möglich sein.

2. Die anderen beiden Schranken des Art. 2 Abs. 1 GG

Rechte anderer und Sittengesetz

Neben der Schranke der verfassungsmäßigen Ordnung haben die beiden anderen Schranken in Art. 2 Abs. 1 GG („Rechte anderer" und „Sittengesetz") **kaum praktische Bedeutung**.

Die „Rechte anderer" werden bereits in der verfassungsmäßigen Ordnung berücksichtigt.

Unter „Sittengesetz" versteht die h.M. die allgemein anerkannten Moral- und Wertvorstellungen, die in §§ 138 Abs. 1, 242, 826 BGB – also in der verfassungsmäßigen Ordnung – erfasst werden.

Wenn Sie mehr wissen wollen:
AS-Skript Grundrechte (2015), Rn. 100–116 (zur allgemeinen Handlungsfreiheit)

C. Das allgemeine Persönlichkeitsrecht (APR)

Das allgemeine Persönlichkeitsrecht (APR) ist im GG nicht ausdrücklich geregelt. Überwiegend wird davon ausgegangen, dass das allgemeine Persönlichkeitsrecht seine Grundlage in Art. 2 Abs. 1 GG findet und dass für die Auslegung die Menschenwürde aus Art. 1 Abs. 1 GG heranzuziehen ist.

Daher wird üblicherweise von dem allgemeinen Persönlichkeitsrecht aus Art. 2 Abs. 1 i.V.m. Art. 1 Abs. 1 GG gesprochen.

I. Eingriff in den Schutzbereich

Das APR ist ein sogenanntes **„Rahmenrecht"**. Das bedeutet, dass es nicht etwa das „Grundrecht des allgemeinen Persönlichkeitsrechts" gibt, sondern dass Art. 2 Abs. 1 i.V.m. Art. 1 Abs. 1 GG den Rahmen für die einzelnen Grundrechte des APR bieten. Daher wird das APR auch in Fallgruppen näher ausgestaltet. Zudem besteht bei Rahmenrechten die Besonderheit, dass in der Prüfung nicht zwischen Schutzbereich und Eingriff unterschieden wird, sondern entweder ein Eingriff in den Schutzbereich gegeben ist oder nicht.

Im Folgenden sollen kurz die wichtigsten Fallgruppen des APR dargestellt werden:

1. Recht auf informationelle Selbstbestimmung

Ein Teil des allgemeinen Persönlichkeitsrechts ist das Recht auf informationelle Selbstbestimmung. Danach hat jedermann das Recht, grundsätzlich selbst zu entscheiden, wann und in welchem Umfang persönliche Tatsachen und Sachverhalte offenbart, also erhoben, gespeichert, verwendet oder weitergegeben werden (BVerfGE 65, 1 „Volkszählungsurteil"). Der Betroffene ist aber nicht in allen Lebensbereichen in gleicher Weise schutzwürdig. Aus diesem Grunde findet die vom BVerfG entwickelte **Sphärentheorie** Anwendung, wonach der menschliche Lebensbereich in drei Bereiche unterteilt wird:

- die **Intimsphäre**, die den innersten, unantastbaren Bereich der Persönlichkeit betrifft und jeglichem Eingriff durch die Staatsgewalt entzogen ist;

  Beispiel: nach BVerfG NJW 2004, 999 dürfen keine Lauschangriffe auf die Wohnung als „unantastbarer Kernbereich privater Lebensgestaltung" durchgeführt werden.

- die **Privatsphäre**, die den engeren persönlichen Lebensbereich insbesondere in der Familie betrifft. Eingriffe sind nur rechtmäßig, wenn sie im überwiegenden Interesse der Allgemeinheit unter strikter Einhaltung des Grundsatzes der Verhältnismäßigkeit erfolgen;

- die **Individual- oder Sozialsphäre**, die das Ansehen des Einzelnen im Bekanntenkreis und in der Öffentlichkeit erfasst. Da in diesem Bereich von vornherein Bezüge nach außen bestehen, sind verhältnismäßige Eingriffe rechtmäßig.

2. Schutz der persönlichen Ehre

Zum allgemeinen Persönlichkeitsrecht zählt ebenfalls der Schutz der persönlichen Ehre. Dabei ist der Persönlichkeitsschutz bei einer Schmähung durch Dritte regelmäßig höher zu werten als die Meinungsfreiheit (BVerfGE 54, 208).

3. Recht am eigenen Bild, Wort, Namen

Ein weiterer Bestandteil des APR ist das Recht am eigenen Bild (BVerfGE 34, 238; 54, 148), am eigenen Wort (BVerfGE 34, 238) und am eigenen Namen. Auch diese Rechte, insbesondere das Recht am eigenen Bild, sind nicht in allen Lebensbereichen gleichermaßen geschützt, sondern es findet die Sphärentheorie Anwendung.

4. Weitere Fallgruppen

Als weitere vom APR erfasste Fallgruppen kommen u.a. das **Recht auf Gewährleistung der Vertraulichkeit und Integrität informationstechnischer Systeme** („Online-Grundrecht"), das Recht aus **sexueller Selbstbestimmung** oder aber auch der **Schuldgrundsatz** (keine Strafe ohne Schuld) oder das Recht auf **Wahl eines Namens** in Betracht. Hier wird deutlich, wie vielschichtig das APR ist.

Wenn Sie mehr wissen wollen: *AS-Skript „Grundrechte" (2015), Rn. 117–131*

II. Verfassungsrechtliche Rechtfertigung

Hinsichtlich der verfassungsrechtlichen Rechtfertigung von Eingriffen in das APR ist zu beachten, dass zwar grundsätzlich der einfache Gesetzesvorbehalt des Art. 2 Abs. 1 GG gilt. Wegen der Verbindung zur uneinschränkbaren Menschenwürde (Art. 1 Abs. 1 GG) wird jedoch angenommen, dass dieser in der Form eines **Parlamentsvorbehalts** besteht.

Gewährleistungen des Art. 2 GG

Abs. 1	Abs. 2	Art. 2 Abs. 1 i.V.m. Art. 1 Abs. 1 GG
Allgemeine Handlungsfreiheit (Auffanggrundrecht)	S. 1: ■ Leben ■ körperliche Unversehrtheit S. 2: Freiheit der Person	Allgemeines Persönlichkeitsrecht z.B. ■ informationelle Selbstbestimmung ■ persönliche Ehre ■ eigenes Wort/Bild

Schrankensystematik

Schrankentrias, insbes. „verfassungsmäßige Ordnung"	Art. 2 Abs. 2 S. 3 GG i.V.m. Art. 104 Abs. 1 GG Parlamentsgesetz	Wegen der Bezüge zu Art. 1 Abs. 1 GG Parlamentsgesetz

1. Was schützt Art. 2 Abs. 1 GG nach h.M.?

1. Entgegen dem Wortlaut schützt Art. 2 Abs. 1 GG die allgemeine Handlungsfreiheit. Das bedeutet, dass „jeder tun und lassen kann, was er will". Art. 2 Abs. 1 GG wird damit zum Auffanggrundrecht.

2. Welches Grundrecht wird aus Art. 2 Abs. 1 i.V.m. Art. 1 Abs. 1 GG hergeleitet?

2. Das allgemeine Persönlichkeitsrecht.

3. Welche Auswirkung hat die weite Fassung des Schutzbereichs des Art. 2 Abs. 1 GG für den Eingriff?

3. Wegen der weiten Auslegung des Schutzbereiches werden nach h.M. nur finale, unmittelbare Beschränkungen als Eingriffe angesehen. Es gilt also der „klassische" Eingriffsbegriff. Faktisch-mittelbare Beschränkungen der allgemeinen Handlungsfreiheit stellen keine Eingriffe dar.

4. Welche der drei Schranken des Art. 2 Abs. 1 GG erfasst die beiden anderen und wie wird diese Schranke verstanden?

4. Die „verfassungsmäßige Ordnung" umfasst die Rechte anderer und das Sittengesetz. Zu lesen ist die Schranke wie ein einfacher Gesetzesvorbehalt, sodass Eingriffe durch oder auf Grund eines Gesetzes möglich sind.

5. Nennen Sie wichtige Fallgruppen des allgemeinen Persönlichkeitsrechts!

5. Recht auf informationelle Selbstbestimmung; Recht der persönlichen Ehre; Recht am eigenen Wort, Bild.

6. Was besagt die sogenannte Sphärentheorie?

6. Der Bürger ist nicht in allen Lebensbereichen gleich schutzwürdig. Daher werden verschiedene Sphären unterschieden: die Intim-, die Privat- und die Individual- bzw. Sozialsphäre. Je weiter der Staat in den Kernbereich privater Lebensgestaltung eingreift, desto mehr Zurückhaltung muss er wahren. Daher verbleibt dem Bürger ein grundsätzlich unantastbarer Intimbereich, während in die Sozialsphäre unter Beachtung des Grundsatzes der Verhältnismäßigkeit eingegriffen werden darf.

7. Welche Schranke gilt für das allgemeine Persönlichkeitsrecht?

7. Es gilt zwar der einfache Gesetzesvorbehalt des Art. 2 Abs. 1 GG, wegen der Bezüge zur Menschenwürde wird dieser aber als Parlamentsvorbehalt verstanden.

D. Die Glaubens- und Religionsfreiheit, Art. 4 GG

Art. 4 Abs. 1 und 2 GG als **einheitliches Grundrecht** der Glaubens- und Bekenntnisfreiheit

Nach seinem Wortlaut schützt Art. 4 Abs. 1 GG die **Glaubensfreiheit** und die Freiheit des **religiösen und weltanschaulichen Bekenntnisses**. Art. 4 Abs. 2 GG schützt die Freiheit der **Religionsausübung**.

Da die Glaubensfreiheit nicht nur die innere Freiheit zu glauben oder nicht zu glauben erfasst, sondern auch die Freiheit, seinen Glauben zu bekennen und zu verbreiten, stellt die Freiheit der Religionsausübung nur eine besondere Form des Bekennens des Glaubens dar.

Aus diesem Grunde werden Art. 4 Abs. 1 und 2 GG als **einheitliches Grundrecht** der Glaubens- und Bekenntnisfreiheit gelesen.

I. Schutzbereich

Art. 4 Abs. 1, 2 GG schützt das Recht, einen Glauben und eine Weltanschauung zu **bilden**, zu **haben** und zu **äußern**, aber auch entsprechend zu **handeln**. Die Glaubensfreiheit wird sowohl positiv (jeder darf einen Glauben haben) als auch negativ (niemand muss eine bestimmte religiöse oder weltanschauliche Überzeugung haben) geschützt. So muss z.B. niemand einen Eid mit religiöser Beteuerungsformel leisten.

!

Hinweis: *Allerdings gewährt die negative Glaubensfreiheit kein Recht darauf, „von Bekundungen, kultischen Handlungen und religiösen Symbolen eines fremden Glaubens verschont zu bleiben". Also kann ein Atheist nicht geltend machen, er möchte nicht, dass die Kirchenglocken geläutet werden, weil er sich dadurch in seiner negativen Glaubensfreiheit verletzt fühle.*

Die Glaubensfreiheit schützt nicht nur den Einzelnen, sondern **auch die jeweiligen Vereinigungen**. Dies wird insbesondere durch Art. 137 Abs. 3, 4 und 7 WRV und Art. 141 WRV (die sogenannten „Kirchenartikel" der Weimarer Reichsverfassung gelten über Art. 140 GG auch heute noch unverändert fort) deutlich, wonach auch den Religionsgesellschaften und den „weltanschaulichen Vereinigungen" bestimmte Rechte zugewiesen sind.

II. Eingriff

Eingriffe sind denkbar als staatliche Beeinträchtigungen des glaubens- und weltanschaulich motivierten Denkens, des Redens und des Handelns, z.B. dadurch, dass

- der Staat schulrechtliche Normen erlässt, die durch die Vorgabe bestimmter Lehrpläne „indoktrinierend“ die Bildung religiöser Überzeugungen beeinflusst,
- jemand entgegen Art. 140 GG, Art. 136 Abs. 3 WRV dazu gezwungen wird, seine Religionszugehörigkeit zu offenbaren,
- jemand dazu verpflichtet wird, entgegen seinen – als verbindlich empfundenen Glaubenspositionen – etwas zu unterlassen (z.B. Kopftuchverbot für muslimische Lehrerinnen) oder
- der Staat vor bestimmten religiösen Sekten warnt.

III. Verfassungsrechtliche Rechtfertigung

1. Schranken

Inwieweit Art. 4 Abs. 1, 2 GG einschränkbar ist, ist umstritten.

Nach **h.M.** gelten ausschließlich die **verfassungsimmanenten Schranken**, also Grundrechte Dritter oder andere Werte von Verfassungsrang. Nach gegenteiliger Auffassung ergibt sich aus Art. 140 GG, Art. 136 Abs. 1 WRV ein einfacher **Gesetzesvorbehalt**.

Für die h.M. spricht dabei insbesondere eine historische Auslegung. Der Vorläufer des Art. 4 GG, nämlich Art. 135 WRV enthielt einen Gesetzesvorbehalt. Ursprünglich war daher geplant, auch Art. 4 GG unter einen Gesetzesvorbehalt zu stellen. Davon hat man jedoch ausdrücklich Abstand genommen.

Wenn Sie mehr wissen wollen: *AS-Skript „Grundrechte“ (2015), Rn. 201, 202*

Demnach gelten lediglich die verfassungsimmanenten Schranken.

Beispiel: Einer muslimischen Lehrerin wird verboten ein Kopftuch im Unterricht zu tragen. Dieses Verbot beschränkt die Glaubens- und Religionsfreiheit und greift daher in den Art. 4 Abs. 1, 2 GG der Lehrerin ein. Das Grundrecht der Lehrerin kann aber zum Schutz der Grundrechte Dritter beschränkt werden. Dazu gehört z.B. die negative Glaubensfreiheit der Schüler. Daneben stellt die (religiöse) Neutralität des Staates einen Wert von Verfassungsrang dar, der durch die Lehrerin, die ja nicht als Privatperson, sondern als Teil der staatlichen Schule handelt, eingeschränkt wird.

Nach der h.M. muss das Recht der Lehrerin aus Art. 4 GG im Rahmen der gebotenen Abwägung hinter den Grundrechten Dritter und der Neutralitätspflicht des Staates zurückstehen, sodass ein gesetzliches Kopftuchverbot für Lehrerinnen verfassungsgemäß ist.

2. Schranken-Schranken

Für die Prüfung der Schranken-Schranken gelten die normalen, bereits oben (3. Teil, S. 28) dargestellten Grundsätze.

Check: Art. 4 GG

1. Was schützen Art. 4 Abs. 1 und 2 GG?

1. Nach dem Wortlaut werden zwar die Glaubens-, die Bekenntnisfreiheit und die Religionsausübung geschützt. Art. 4 Abs. 1 und 2 GG werden aber als einheitliches Grundrecht der Glaubens- und Bekenntnisfreiheit gelesen.
Geschützt wird die Freiheit, einen Glauben zu haben, zu äußern und entsprechend zu handeln.

2. Wird durch Art. 4 Abs. 1, 2 GG nur der Einzelne oder auch die Religionsgesellschaft geschützt?

2. Auch die Vereinigung wird geschützt. Dies wird insbesondere in den sogenannten Kirchenartikeln der WRV deutlich (Art. 140 GG i.V.m. Art. 136 ff. WRV).

3. Welche Einschränkungsmöglichkeiten gibt es?

3. Nach h.M. gelten ausschließlich die verfassungsimmanenten Schranken, also die Grundrechte Dritter und die anderen Werte von Verfassungsrang.

4. Womit wird die h.M. begründet?

4. Die h.M. wird insbesondere damit begründet, dass Art. 135 WRV noch einen Gesetzesvorbehalt enthielt (historische Auslegung). Der ursprüngliche Plan, Art. 4 GG auch unter einen Gesetzesvorbehalt zu stellen, wurde später aber ausdrücklich aufgegeben.

E. Die (Kommunikations-)Grundrechte aus Art. 5 GG

Innerhalb des Art. 5 GG ist vor allem zwischen den Gewährleistungen des Art. 5 Abs. 1 GG und denen des Art. 5 Abs. 3 GG (zur Kunstfreiheit unten F.) zu differenzieren:

Kommunikationsfreiheiten, Art. 5 Abs. 1 GG

Zunächst finden sich in Art. 5 Abs. 1 GG Gewährleistungen, die mit dem Oberbegriff **„Kommunikation"** überschrieben werden können. Diese Grundrechte können gemäß Art. 5 Abs. 2 GG eingeschränkt werden. Der Schutzbereich des Art. 5 Abs. 1 GG umfasst folgende Teilbereiche:

- Die Freiheit, seine Meinung zu äußern und zu verbreiten, also die **Meinungsfreiheit**, Art. 5 Abs. 1 S. 1 Fall 1 GG. Da in einer Demokratie die Willensbildung vom Volk zum Staat stattfindet, werden Art. 5 GG und Art. 8 GG (kollektive Meinungsäußerung, dazu unten G.) vom BVerfG als **demokratie-konstituierende** Grundrechte bezeichnet.
- Die Freiheit, sich aus allgemein zugänglichen Quellen ungehindert zu unterrichten, gemäß Art. 5 Abs. 1 S. 1 Fall 2 GG **(Informationsfreiheit)**.
- Die **Pressefreiheit**, Art. 5 Abs. 1 S. 2 Fall 1 GG. „Presse" in diesem Sinn meint alle zur Verbreitung bestimmten Druckerzeugnisse, also nicht nur Zeitungen, Zeitschriften etc., sondern auch einmalig erscheinende Druckerzeugnisse, wie Bücher, Flugblätter etc.
- Die **Rundfunkfreiheit** gemäß Art. 5 Abs. 1 S. 2 Fall 2 GG.
- Die **Filmfreiheit** gemäß Art. 5 Abs. 1 S. 2 Fall 3 GG.

Kunst- und Wissenschaftsfreiheit, Art. 5 Abs. 3 GG

Des Weiteren gewährleistet Art. 5 Abs. 3 GG die **Kunst- und Wissenschaftsfreiheit**. „Wissenschaft" ist der Oberbegriff für Forschung und Lehre. Der Unterschied zu den Gewährleistungen des Art. 5 Abs. 1 GG liegt darin, dass die Rechte des Art. 5 Abs. 3 GG vorbehaltlos gewährleistet werden. Es bestehen diesbezüglich also nur verfassungsimmanente Schranken. Der Gesetzesvorbehalt des Art. 5 Abs. 2 GG bezieht sich nur auf Art. 5 Abs. 1 GG, nicht auf Art. 5 Abs. 3 GG.

!

***Merke:** Da nach Art. 5 Abs. 2 GG „**Diese** Rechte" eingeschränkt werden können, gelten die Schranken nur für die Rechte aus Art. 5 Abs. 1 GG, nicht dagegen für die Rechte aus Art. 5 Abs. 3 GG.*

Bedeutung der Meinungsfreiheit

Im Folgenden wird die Meinungsfreiheit gemäß Art. 5 Abs. 1 S. 1 Fall 1 GG besprochen. Wie bereits erwähnt, bezeichnet das BVerfG dieses Recht als eines der wichtigsten Grundrechte, dem konstituierende Bedeutung für die freiheitlich demokratische Grundordnung zukommt. Aus diesem Grunde besitzt die Meinungsfreiheit auch eine besondere Klausurrelevanz.

I. Schutzbereich des Art. 5 Abs. 1 S. 1 Fall 1 GG

Jedermannrecht

Im Rahmen des Art. 5 Abs. 1 S. 1 Fall 1 GG wird das Recht geschützt, seine Meinung in Wort, Schrift und Bild frei zu äußern und zu verbreiten. Für den persönlichen Schutzbereich gelten keine Besonderheiten. Die Meinungsfreiheit ist ein Menschenrecht, auf das sich auch Ausländer berufen können.

Der Schutzbereich ist durch den **Leitbegriff** der **Meinung** bestimmt. Der Begriff der Meinung wird von der h.M. weit verstanden und wie folgt definiert:

Unterscheide Werturteil und Tatsachenbehauptungen

Meinungsäußerungen sind **Werturteile** jeder Art, also Stellungnahmen und Beurteilungen, die darauf gerichtet sind, im Rahmen einer geistigen Auseinandersetzung eine Überzeugung zu bilden. Tatsachenbehauptungen fallen eigentlich nicht darunter. Tatsachenbehauptungen nehmen aber am Schutz der Meinungsfreiheit teil, wenn und soweit sie Voraussetzung für die Meinungsbildung sind.

Wichtig ist daher in einer Klausur die Abgrenzung zwischen Werturteil und Tatsachenbehauptung. Der entscheidende Unterschied zwischen beiden Begriffen ist folgender:

Abgrenzungskriterium: dem Wahrheitsbeweis zugänglich

Tatsachenbehauptungen können wahr oder falsch sein, sie sind also einem Wahrheitsbeweis zugänglich.

Werturteile können nicht in diese Kategorien eingeteilt werden.

Beispiel: Ehemann M und seine Frau F schauen Fußball.

Eine Tatsachenbehauptung liegt vor, wenn M der F (wahrheitsgemäß oder nicht) erklärt, dass der 1. FC Nürnberg bisher neunmal Deutscher Meister war.

F sagt daraufhin zu M: „Ich hasse Fußball." In diesem Fall kann man nicht von einer wahren oder unwahren Aussage sprechen. Es liegt demzufolge ein Werturteil vor und daher auch unproblematisch eine Meinungsäußerung.

Anhand der genannten Definition können Sie in der Regel den jeweiligen Sachverhalt zuordnen:

Werturteile/reine Tatsachenbehauptungen

Werturteile jeder Art werden unproblematisch geschützt. Reine Tatsachenbehauptungen werden hingegen nicht geschützt (s.o.).

Tatsachenbehauptungen i.V.m. Werturteilen

Wenn aber Tatsachenbehauptungen mit Werturteilen verbunden werden, fallen diese Tatsachenbehauptungen nach h.M. **grundsätzlich** in den Schutzbereich. Der Grund dafür ist, dass Werturteile – isoliert ausgesprochen – meist wenig Sinn machen und deshalb in der Regel mit Tatsachenbehauptung „unterfüttert" werden müssen. Diese „Unterfütterungen" müssen dann aber des Werturteils wegen auch am Schutz der Meinungsfreiheit teilhaben.

Unwahre Tatsachenbehauptungen

Von diesem soeben angesprochenen Grundsatz gibt es aber Ausnahmen, in denen mit Werturteilen verquickte Tatsachenbehauptungen nicht in den Schutzbereich fallen. Das ist dann der Fall, wenn Tatsachenbehauptungen nicht sinnvoll zur Meinungsbildung beitragen können. Nicht geschützt sind deshalb nach Auffassung des BVerfG Äußerungen, deren Unwahrheit bereits im Zeitpunkt der Äußerung evident ist bzw. bewusste Lügen.

Beispiel: Auschwitzlüge (Leugnen historischer Tatsachen)

Negative Meinungsfreiheit

Schließlich fällt die **negative Meinungsfreiheit** in den Schutzbereich, also die Freiheit, eine bestimmte Meinung nicht äußern zu müssen.

Verpflichtung zur Aufnahme von Warnhinweisen auf Zigarettenpackungen

Beispiel: Im Zusammenhang mit der negativen Meinungsfreiheit stellt sich die Frage, ob Zigarettenhersteller Warnhinweise auf Zigarettenpackungen drucken müssen (wie etwa: Die EG-Gesundheitsminister warnen: „Rauchen verursacht Krebs" und dergleichen). Unterstellt, dass es sich hier um ein Werturteil handelt, scheint es nahe liegend, zu vermuten, dass die negative Meinungsfreiheit berührt ist.

Es wird aber bei den Warnhinweisen deutlich gemacht, dass es sich um eine Meinung der EG-Gesundheitsminister handelt und nicht um eine Meinung der Zigarettenhersteller. Deshalb ist deren negative Meinungsfreiheit – und damit der Schutzbereich des Art. 5 Abs. 1 S. 1 Fall 1 GG – nicht betroffen (in Betracht kommt aber die Beeinträchtigung des Schutzbereichs des Art. 12 Abs. 1 GG).

II. Eingriffe in den Schutzbereich des Art. 5 Abs. 1 S. 1 Fall 1 GG

Eingriff

Ein Eingriff in den Schutzbereich des Art. 5 Abs. 1 S. 1 Fall 1 GG ist dann zu bejahen, wenn die Freiheit der Meinungsäußerung oder Meinungsverbreitung in irgendeiner Weise verhindert oder erschwert wird.

III. Verfassungsrechtliche Rechtfertigung

Qualifizierter Gesetzesvorbehalt des Art. 5 Abs. 2 GG

Wie bereits erwähnt, kann die Meinungsfreiheit – neben den anderen in Art. 5 Abs. 1 GG genannten Gewährleistungen! – gemäß Art. 5 Abs. 2 GG beschränkt werden.

Art. 5 Abs. 2 GG stellt einen **qualifizierten Gesetzesvorbehalt** dar, d.h. es werden besondere Anforderungen an das einschränkende Gesetz gestellt. Es gibt drei Einschränkungsmöglichkeiten: Einschränkungen durch „allgemeine Gesetze", durch die gesetzlichen Bestimmungen zum Schutze der Jugend und schließlich durch Gesetze zum Schutz der persönlichen Ehre.

Besondere Schrankenanforderung: Zensurverbot

Zudem ist bei Eingriffen noch die **besondere Schranken-Schranke** des Art. 5 Abs. 1 S. 3 GG – das Zensurverbot – zu beachten. Nach h.M. bezieht sich Art. 5 Abs. 1 S. 3 GG aber nur auf die sogenannte Vorzensur, also auf Maßnahmen vor der Veröffentlichung. Die Nachzensur wird dagegen nicht von Art. 5 Abs. 1 S. 3 GG erfasst.

1. Die Schranke der „allgemeinen Gesetze"

Begriff des „allgemeinen Gesetzes"

Ein Wortlautvergleich zwischen den einfachen Gesetzesvorbehalten (Beschränkung „durch Gesetz oder aufgrund eines Gesetzes", vgl. z.B. Art. 12 Abs. 1 GG) und Art. 5 Abs. 2 GG („Schranken in den Vorschriften der allgemeinen Gesetze") zeigt, dass sich der Gesetzesvorbehalt in Art. 5 Abs. 2 GG von den üblichen unterscheidet. Somit kann ein allgemeines Gesetz i.S.d. Art. 5 Abs. 2 GG nicht irgendein Gesetz sein.

Sonderrechtslehre

Nach **h.M. in der Lit.** sind „allgemeine Gesetze" i.S.d. Art. 5 Abs. 2 GG nur solche Gesetze, die nicht gezielt in die Kommunikationsfreiheiten des Art. 5 Abs. 1 GG eingreifen. Ein Gesetz, das eine Meinungsäußerung als solche verbietet, ist danach also kein „allgemeines Gesetz" i.S.d. Art. 5 Abs. 2 GG! Diese Ansicht bezeichnet man als Sonderrechtslehre (auch: formelle Theorie).

Abwägungslehre

Eine andere Ansicht (Abwägungslehre, materielle Theorie) sieht ein „allgemeines Gesetz" dann als gegeben an, wenn das gesellschaftliche Gut, das durch das Gesetz geschützt werden soll, Vorrang hat gegenüber der Meinungsfreiheit.

Kombination von Sonderrechts- und Abwägungslehre durch das BVerfG

Das **BVerfG** kombiniert beide Theorien:

Zunächst wird geprüft, ob ein „allgemeines Gesetz" im Sinne der Sonderrechtslehre vorliegt, also ein Gesetz, das sich nicht speziell gegen die Meinungsäußerung als solche richtet.

Es soll aber nicht jedes allgemeine Gesetz die Meinungsfreiheit einschränken können, denn diese hat im freiheitlich demokratischen Rechtsstaat eine hohe Bedeutung. Deshalb ist in einem zweiten Schritt (im Sinn der Abwägungslehre) eine modifizierte Verhältnismäßigkeitsprüfung vorzunehmen.

Im Rahmen der **Güterabwägung** ist sodann die **Wechselwirkung** zwischen Grundrecht und einschränkendem Gesetz zu beachten und danach zu fragen, ob das durch das Gesetz zu schützende Rechtsgut wirklich höherwertiger als die Freiheit der Meinungsäußerung zu erachten ist (sogenannte Wechselwirkungslehre). Der wertsetzenden Bedeutung des Grundrechts (nochmals: das BVerfG misst den Kommunikationsfreiheiten konstitutive Bedeutung für die freiheitlich demokratische Grundordnung zu) ist hier Rechnung zu tragen.

Berücksichtigung der Wechselwirkungslehre im Rahmen der Güterabwägung

Einfacher ausgedrückt: Das Grundrecht der Meinungsfreiheit ist so wichtig, dass in seinem Lichte die meisten Eingriffsgründe entweder zurückstehen müssen oder doch nur relativ wenig Eingriff angemessen erscheinen lassen.

Wirkung der Wechselwirkungslehre

Bestes Beispiel ist hier der erbittert geführte Streit um die Frage, wie weit zum Zwecke des Ehrschutzes in die Meinungsfreiheit eingriffen werden kann. Das BVerfG hält zwar abstrakt den Ehrschutz für mit der Meinungsfreiheit konkurrenzfähig, erwartet aber bei der Anwendung von ehrschützenden Vorschriften (z.B. § 185 StGB – Beleidigung), dass der Ehrschutz im Lichte der Meinungsfreiheit **bis zur Grenze der sogenannten Schmähkritik** (keine Auseinandersetzung in der Sache, bloße Diffamierung der Person) bzw. Formalbeleidigung (Beleidigung durch die Form der Behauptung: Benutzung von Schimpfworten) zurückzustehen hat. In der Tat bleibt damit trotz aller Beteuerungen des BVerfG „im Lichte der Meinungsfreiheit" nicht viel vom Ehrschutz über.

Meinungsfreiheit und Ehrenschutz

Hinweis:

*1. **In einer Klausur** sollten Sie diese Verortung der Verhältnismäßigkeitsprüfung nicht mitmachen. In der Lit. und in Klausurdarstellungen wird überwiegend der Begriff „allgemeines Gesetz" nur an der Sonderrechtslehre festgemacht. Die Güterabwägungslehre geht wie selbstverständlich in der Prüfung der Verhältnismäßigkeit i.e.S. auf, also erst später bei der Überprüfung der verfassungsgemäßen Konkretisierung der Schranke (Schranken-Schranken). Die Erwägungen zur Wechselwirkungslehre finden hier zwanglos im Rahmen der veranlassten Abwägung Platz. Durchbrechungen der Prüfungssystematik sind nicht erforderlich und können im Übrigen zu Unstimmigkeiten in der Klausur führen.*

!

Der Lösungsweg in der Klausur

2. Das gewählte Beispiel Meinungsfreiheit contra Ehrschutz lässt auch eine Lösung über die 3. Variante des Art. 5 Abs. 2 GG zu: „Recht der persönlichen Ehre". Güterabwägungslehre und Wechselwirkungslehre könnten dann insoweit gar nicht am Begriff „allgemeines Gesetz" fest-

Nochmals Meinungsfreiheit und Ehrenschutz

gemacht werden. Sie sind gleichwohl zu berücksichtigen und zwar dort, wo Sie auch im Übrigen systematisch besser aufgehoben sind: bei der Verhältnismäßigkeitsprüfung i.e.S.

Abschließend noch eine letzte **Besonderheit** zum Problemkreis Meinungsfreiheit und Ehrschutz:

Berücksichtigung der wertsetzenden Bedeutung des Art. 5 Abs. 1 S. 1 Fall 1 GG beim Verständnis der Äußerung

Eine gewisse Vorentscheidung, ob es zu einer Bestrafung aus § 185 StGB kommt, wird bereits bei der Deutung der getätigten Aussagen getroffen. Auch hier soll nach Auffassung des BVerfG bereits die wertsetzende Bedeutung des Art. 5 Abs. 1 GG Berücksichtigung finden und die Deutung unterstellt werden, die nicht zur Verurteilung führt, wenn diese Deutungsmöglichkeit nicht mit „überzeugenden Gründen" ausgeschlossen werden kann. Das klingt fast selbstverständlich und scheint nur dem Grundsatz „in dubio pro reo" (im Zweifel für den Angeklagten) gerecht werden zu wollen, geht aber weit darüber hinaus, wie es das folgende Beispiel zeigt:

„Soldaten sind Mörder"

Beispiel: Im heftigst umstrittenen „Soldatenurteil" des BVerfG kamen die Instanzgerichte unter anderem zu der Überzeugung (!!!), dass der Angeklagte mit einem Aufkleber auf seinem PKW mit dem Aufdruck „Soldaten sind Mörder" die Soldaten der Bundeswehr zu Schwerstkriminellen und minderwertigen Gliedern der Gesellschaft abgestempelt hat. Das BVerfG zweifelte nicht daran, dass die Richter in einem rechtsstaatlichen Verfahren zu Recht zu dieser – eine Verurteilung regelmäßig tragenden – Überzeugung gekommen waren.

Mit Blick auf die Bedeutung der Meinungsfreiheit müsse dennoch jede (!!!) andere, insbesondere unter Berücksichtigung des Kontexts der Aussage, „mögliche" (!!!) Deutung „mit überzeugenden Gründen" ausgeschlossen werden. Die rechtsstaatlich einwandfrei gewonnene Überzeugung der Gerichte genügt damit, wenn die Meinungsfreiheit betroffen ist, nicht.

Die massive Kritik, die das BVerfG zu dieser Rspr. erfahren hat, hat zu keiner Änderung der Rspr. geführt. Bevor deshalb beispielsweise das Vorliegen einer Schmähkritik angenommen werden darf und damit der Ehrschutz ausnahmsweise einmal gegenüber der Meinungsfreiheit Durchsetzung erfährt, ist zunächst zu prüfen, ob aus dem Kontext der inkriminierten Aussage heraus (im Soldatenurteil verwies das BVerfG unter anderem auf weitere Aufkleber auf dem PKW des Angeklagten), sich die inkriminierte Aussage nicht auch anders verstehen lässt.

Konsequenzen in Praxis und Klausur

!

Hinweis: *In der Praxis führt das nicht selten zu ziemlich realitätsfernen Unterstellungen. Vor allem Fantasie ist gefragt, um alle „möglichen" Deutungsmöglichkeiten, die man auszuschließen hat, überhaupt erst einmal zu finden. In der Klausur wird das Problem freilich dadurch kanalisiert, dass Ihnen die Umstände der jeweiligen Aussage abschließend im Sachverhalt beschrieben und Ihnen eventuell sogar weitere, nicht auszuschließende Deutungsmöglichkeiten an die Hand gegeben werden.*

Zur Vertiefung:
AS-Skript Grundrechte (2015), Rn. 228, 229 (Fall 7: „Wunsiedel")

2. Die anderen Schranken des Art. 5 Abs. 2 GG

Neben der Schranke der allgemeinen Gesetze finden die Gewährleistungen des Art. 5 Abs. 1 GG gemäß Art. 5 Abs. 2 GG zwei andere Schranken. Auch bei diesen Einschränkungsmöglichkeiten ist die besondere Bedeutung der Meinungsfreiheit im Rahmen der Güterabwägung zu beachten.

Gesetzliche Bestimmungen zum Schutze der Jugend

Zunächst können die Gewährleistungen des Art. 5 Abs. 1 GG durch die **gesetzlichen Bestimmungen zum Schutze der Jugend** eingeschränkt werden. Hierunter fallen z.B. die Bestimmungen im Jugendschutzgesetz (JuSchG), das unter anderem die Verbreitung jugendgefährdender Schriften (und anderer Medieninhalte) beschränkt. Jugendgefährdende Schriften sind vor allem unsittliche, verrohend wirkende, zu Gewalttätigkeit, Verbrechen oder Rassenhass anreizende sowie den Krieg verherrlichende Schriften.

Recht der persönlichen Ehre

Schließlich finden die Gewährleistungen des Art. 5 Abs. 1 GG ihre Schranke auch im **Recht der persönlichen Ehre**, vgl. Art. 5 Abs. 2 GG. Vor allem in den §§ 185 ff. StGB, aber auch über § 823 BGB ist der Ehrschutz geregelt und geschützt.

Prüfschema Art. 5 Abs. 1 GG

I. Schutzbereich

Werturteil oder Tatsachenbehauptung?

Tatsachen fallen unter Art. 5 Abs. 1 GG, wenn sie relevant für die Meinungsbildung oder untrennbar mit einem Werturteil verbunden sind. Ausnahme: bewusst unwahre oder erwiesen unwahre Tatsachen.

II. Eingriff

Unmittelbar oder mittelbar

III. Verfassungsrechtliche Rechtfertigung

1. Beschränkungsmöglichkeiten

Qualifizierter Gesetzesvorbehalt, Art. 5 Abs. 2 (u. Abs. 1 S. 3) GG:

„allgemeines" Gesetz, Recht der persönlichen Ehre oder Jugendschutz

2. Eingriff von den Schranken gedeckt?

a) Normfehler

(Ebene des einfachen Gesetzgebers, Stichwort: Gesetzesvorbehalt)

aa) Formelle Verfassungsmäßigkeit

bb) Materielle Verfassungsmäßigkeit

(1) Besondere Schrankenanforderungen:

Art. 5 Abs. 2 GG, Gesetz zum Ehrenschutz, Jugendschutz oder

„allgemeines" Gesetz – Auslegung insoweit streitig:

Sonderrechtslehre (Meinungsneutralität)

Güterabwägungslehre (Schutz von Gemeinschaftsgütern, die gegenüber der Meinungsfreiheit vorrangig sind)

BVerfG: beides, im Rahmen der Güterabwägung dabei Berücksichtigung der Bedeutung der Meinungsfreiheit (Wechselwirkungslehre)

Vorschlag: hier nur Sonderrechtslehre, Abwägung (einschl. Wechselwirkungslehre) im Rahmen der Verhältnismäßigkeit

Art. 5 Abs. 1 S. 3 GG (Zensurverbot – nur bei Anlass prüfen)

(2) Allgemeine Schrankenanforderungen, insbesondere:

Art. 19 Abs. 1 S. 2 GG nicht anwendbar

Verhältnismäßigkeit (Wechselwirkungslehre)

b) Anwendungsfehler

(die VO, Satzung, der VA, das Gerichtsurteil aufgrund des Gesetzes)

aa) Formelle Rechtmäßigkeit (oft kein Anlass zur Prüfung)

bb) Materielle Rechtmäßigkeit

Voraussetzungen der Rechtsgrundlage (Berücksichtigung der aus dem Kontext heraus möglichen Deutungen)

Verhältnismäßigkeit

Gewährleistungen des Art. 5 Abs. 1 GG

Meinung	Information	Presse	Rundfunk	Film

Schranken: Art. 5 Abs. 2 GG, insbesondere „allgemeine Gesetze"

Schranken-Schranken

- normale (Verhältnismäßigkeit, Bestimmtheit, etc.)
- Art. 5 Abs. 1 S. 3 GG (Zensurverbot)

Wenn Sie mehr wissen wollen:
AS-Skript Grundrechte (2015), Rn. 219 ff. (zu den Kommunikationsfreiheiten)

Klausurtipp:
AS-FallSkript Grundrechte/Staatsorganisationsrecht (2016), Fälle 7, 8

Check: Art. 5 Abs. 1 GG

1. Welche Grundrechte enthält Art. 5 Abs. 1 GG?

1. Art. 5 Abs. 1 GG enthält die Meinungsfreiheit, die Informationsfreiheit, die Presse- und die Rundfunkfreiheit sowie die Filmfreiheit.

2. Was ist eine „Meinung"?

2. Meinungen sind Werturteile, also Stellungnahmen und Beurteilungen, die darauf gerichtet sind, im Rahmen einer geistigen Auseinandersetzung eine Überzeugung zu bilden. Sie sind abzugrenzen von Tatsachen, also beweisbare Lebensvorgänge.

3. Können auch Tatsachenbehauptungen in den Schutzbereich fallen?

3. Tatsachenmitteilungen sind notwendige Voraussetzungen für eine Meinungsbildung. Daher fallen die Tatsachenbehauptungen, die Grundlage für die Meinungsbildung sind, auch in den Schutzbereich der Meinungsfreiheit.

Erst dort, wo die Tatsachenmitteilung nichts mehr zur Meinungsbildung beitragen kann, also bei erwiesen oder bewusst unwahren Tatsachenbehauptungen, entfällt der Schutz des Art. 5 Abs. 1 GG (z.B. „Auschwitzlüge").

4. Welche Art Schranke enthält Art. 5 Abs. 2 GG und was meint „allgemeines Gesetz"?

4. Art. 5 Abs. 2 GG stellt einen qualifizierten Gesetzesvorbehalt dar. Ein allgemeines Gesetz meint nur solche Gesetze, die nicht gezielt in die Kommunikationsfreiheiten des Art. 5 Abs. 1 GG eingreifen. Anders ausgedrückt darf sich ein allgemeines Gesetz nicht gegen eine Meinung als solche richten, sondern muss andere Gemeinschaftswerte schützen.

5. Was meint in diesem Zusammenhang die „Wechselwirkungslehre"?

5. Nach der Wechselwirkungslehre sind allgemeine Gesetze nicht immer geeignet, die Grundrechte aus Art. 5 Abs. 1 GG einzuschränken. Das einschränkende Gesetz muss vielmehr seinerseits „im Lichte der besonderen Bedeutung des Art. 5 Abs. 1 GG" ausgelegt werden.

6. An welcher Stelle wäre in einer Klausur Art. 5 Abs. 1 S. 3 GG zu prüfen?

6. Das Zensurverbot des Art. 5 Abs. 1 S. 3 GG stellt eine Schranken-Schranke dar. D.h., dass zwar die Freiheiten des Art. 5 Abs. 1 GG über Art. 5 Abs. 2 GG einschränkbar sind, aber jedenfalls keine (Vor-)Zensur stattfinden darf.

7. Was heißt „allgemein zugängliche Quelle" i.S.d. Art. 5 Abs. 1 GG?	**7.** Allgemein zugänglich ist eine Informationsquelle, die dazu geeignet und bestimmt ist, der Allgemeinheit, also einem nicht bestimmbaren Personenkreis, Informationen zu verschaffen. Dazu zählen neben Büchern und Zeitungen auch die Massenkommunikationsmittel wie Rundfunk, Fernsehen oder Internet.
8. Was meint „Presse"?	**8.** Unter den Begriff der Presse fallen nicht nur die Erzeugnisse der Buchdruckerpresse, sondern alle zur Verbreitung bestimmten Druckerzeugnisse und Vervielfältigungen (Flugblätter, Handzettel, Plakate, Aufkleber).
9. Was ist „Rundfunk"?	**9.** Rundfunk ist jede an die Öffentlichkeit gerichtete Übermittlung von Gedankeninhalten in Form von physikalischen, insbesondere elektromagnetischen Wellen (Hörfunk, Fernsehen). Internetdienste sind nur dann Rundfunk, wenn ein redaktioneller Teil enthalten ist.
10. Was ist „Film"?	**10.** Filme sind alle Bilderreihen, die zur Darstellung durch einen Projektor geeignet sind, einschließlich des Tones. Filme i.S.v. Art. 5 Abs. 1 S. 2 Fall 3 GG sind nur solche, die an die Öffentlichkeit gerichtet sind.

F. Die Kunstfreiheit, Art. 5 Abs. 3 GG

Wie erwähnt, gewährleistet Art. 5 Abs. 3 GG die Kunstfreiheit und daneben die Wissenschaftsfreiheit (Wissenschaft ist der Oberbegriff für Forschung und Lehre). Im Folgenden wird die Kunstfreiheit gemäß Art. 5 Abs. 3 S. 1 Fall 1 GG besprochen.

I. Schutzbereich des Art. 5 Abs. 3 S. 1 Fall 1 GG

Jedermannrecht

Für den persönlichen Schutzbereich gelten keine Besonderheiten. Nicht nur der Künstler ist geschützt, sondern auch derjenige, der zwischen Künstler und Publikum vermittelt, z.B. der Verleger oder der Galerist etc.

Gewährleistungen des Art. 5 Abs. 3 S. 1 Fall 1 GG

Der **sachliche Schutzbereich** ist durch den Leitbegriff Kunst bestimmt:

Eine Definition des Begriffs „Kunst" ist fast unmöglich. Das BVerfG und die h.M. erkennen aber an, dass es gerade das Wesen der Kunst ist, sich ständig weiter zu entwickeln und sich selbst stets neu zu definieren. Und obwohl es schwer fällt, Kunst zu definieren, hat das BVerfG in der sogenannten „Josefine Mutzenbacher-Entscheidung" festgestellt: „Was der Staat nicht definieren kann, das kann er auch nicht schützen."

Das BVerfG verwendet deshalb nebeneinander verschiedene Kunstbegriffe, die jedoch nicht abschließend den Begriff Kunst definieren:

1. Formaler Kunstbegriff

Kunst sind Tätigkeiten und Ergebnisse, die der traditionellen Vorstellung von Kunst entsprechen. D.h., dass ein Werk als Kunst bezeichnet wird, wenn es bestimmte **Strukturmerkmale** aufweist, nach denen es einem **bestimmten Werktyp** zugeordnet werden kann. Denken Sie an die Malerei, Theater, Musik etc.!

2. Materieller Kunstbegriff

Nach dem materiellen Kunstbegriff ist Kunst das Ergebnis **schöpferischer Gestaltung**, in der der Künstler Eindrücke, Erfahrungen und Erlebnisse in einer bestimmten Formensprache zu unmittelbarer Anschauung bringt.

3. Offener Kunstbegriff

Letztlich bleibt der Kunstbegriff aber offen. Kunst setzt danach voraus, dass das Werk **interpretationsfähig, interpretationsbedürftig** und der Interpretation zugänglich ist.

Umfang der Gewährleistung:

In Bezug auf den Umfang der Gewährleistung wird angenommen, dass Art. 5 Abs. 3 S. 1 Fall 1 GG sowohl die Herstellung des Werks (= **Werkbereich**) als auch die Darbietung desselben in der Öffentlichkeit (= **Wirkbereich**) schützt.

Begrenzung des sachlichen Schutzbereichs

Da die Kunstfreiheit nur verfassungsimmanente Schranken hat, stellt sich schließlich noch die Frage, ob man unerlaubte Tätigkeiten aus dem Schutzbereich herausnehmen kann. Dazu das folgende Beispiel:

Beispiel: Sicher haben Sie schon oft sogenannte „Graffiti" an Hauswänden, auf Zügen, in Bahnhöfen etc. gesehen. Handelt es sich dabei um richtige „Gemälde", so könnte man dies unter Umständen sogar mit allen drei Kunstbegriffen erfassen. Das Problem ist nur, dass die „Graffiti-Künstler" das Eigentum anderer dabei beeinträchtigen.

Das BVerfG sieht daher in diesem Fall den Schutzbereich des Art. 5 Abs. 3 GG als nicht gegeben an. Folgt man dieser Ansicht nicht, stellt sich die Frage der verfassungsrechtlichen Rechtfertigung von Eingriffen durch kollidierendes Verfassungsrecht (dazu sogleich).

Kunstbegriffe

formal	materiell	offen
bestimmte Strukturmerkmale, nach denen es einem bestimmten Werktyp zugeordnet werden kann	freie schöpferische Gestaltung, durch die Sinneseindrücke nach außen getragen werden	interpretationsfähig und -bedürftig und verschiedenen Interpretationen zugänglich

II. Eingriff

Eingriffe sind in jeder Maßnahme, durch die der Schutzbereich verkürzt wird, zu erblicken (Verbote, Sanktionen etc.).

III. Verfassungsrechtliche Rechtfertigung

1. Einschränkungsmöglichkeit

Kollidierendes Verfassungsrecht als Schranke des Art. 5 Abs. 3 S. 1 Fall 1 GG

In Art. 5 Abs. 3 GG findet sich keine Schranke. Die Schranken des Art. 5 Abs. 2 GG gelten nur für die Gewährleistungen aus Art. 5 Abs. 1 GG. Des Weiteren lehnt es das BVerfG auch ab, die Schranken des Art. 2 Abs. 1 GG hier anzuwenden.

Derartige – scheinbar „schrankenlose" – Grundrechte können nur durch **verfassungsimmanente Schranken** eingeschränkt werden, d.h. durch einen Wert von Verfassungsrang. Darunter fallen Grundrechte Dritter oder andere Rechtsgüter von Verfassungsrang.

Beispiele:

- Das elterliche Erziehungsrecht (Art. 6 Abs. 2 S. 1 GG) und das allgemeine Persönlichkeitsrecht (Art. 2 Abs. 1 i.V.m. Art. 1 Abs. 1 GG) – also Grundrechte Dritter – rechtfertigen es, dass gewisse künstlerische Schriften (z.B. pornographische Darstellungen) nur eingeschränkt vertrieben werden dürfen, dass für diese Schriften nicht geworben werden darf etc.
- Soweit man nicht schon den Schutzbereich bei der Inanspruchnahme fremden Eigentums begrenzt (s. obiges Beispiel zu „Graffiti"), kann die Eigentumsfreiheit (Art. 14 GG) als Grundrecht Dritter eine verfassungsimmanente Schranke darstellen. Die Bestrafung des „Graffiti-Künstlers" nach § 303 Abs. 2 StGB ist daher jedenfalls verfassungsrechtlich gerechtfertigt, wenn man nicht insoweit schon den Schutzbereich einengt.
- Die Sonn- und Feiertagsruhe, die sich als „Wert mit Verfassungsrang" in Art. 140 GG i.V.m. Art. 139 WRV findet und durch die Feiertagsgesetze der Länder konkretisiert ist, rechtfertigt gewisse Beschränkungen, z.B. bei der Aufführung von Musikveranstaltungen.

2. Schranken-Schranken

Für die Schranken-Schranken gelten die normalen Grundsätze.

Wenn Sie mehr wissen wollen:

AS-Skript Grundrechte (2015), Rn. 270 ff. (Fall 9 „Esra")
(zu den Grundrechten aus Art. 5 Abs. 3 GG)
AS-FallSkript „Grundrechte/Staatsorganisationsrecht" (2016), Fall 9

Check: Art. 5 Abs. 3 GG

1. Was ist „Kunst"?	**1.** Es gibt verschiedene Kunstbegriffe, und zwar den formellen, den materiellen und den offenen Kunstbegriff, die sich nicht gegenseitig ausschließen, sondern sich ergänzen.
2. Was meint der „formelle" Kunstbegriff?	**2.** Nach dem formellen Kunstbegriff weist ein Kunstwerk bestimmte Strukturmerkmale auf, nach denen es einem bestimmten Werktyp zuzuordnen ist.
3. Was meint der „materielle" Kunstbegriff?	**3.** Kunst ist der Ausdruck einer freien schöpferischen Gestaltung, in der der Künstler seine Sinneseindrücke nach außen trägt.
4. Und der offene Kunstbegriff?	**4.** Danach ist Kunst alles das, was interpretationsfähig und -bedürftig ist und vielfältigen Interpretationen zugänglich ist.
5. Was fällt in den Schutzbereich?	**5.** Geschützt wird sowohl der Werkbereich, als auch der Wirkbereich.
6. Welche Schranken gelten für die Kunstfreiheit?	**6.** Nach h.M. ist die Kunstfreiheit nur durch die verfassungsimmanenten Schranken begrenzt.

G. Die Versammlungsfreiheit, Art. 8 GG

Die Versammlungsfreiheit (Art. 8 GG) schützt die **kollektive Meinungsäußerung**. Insofern besteht zu Art. 5 GG eine besonders enge Bindung. Die Versammlungsfreiheit stellt nach der Rspr. des BVerfG eines der konstituierenden Elemente der Demokratie dar, da „die Meinung des Einzelnen gerade in einer repräsentativen Demokratie nichts, die Meinung vieler dagegen alles gilt". Aus diesem Grunde werden die Art. 5 und 8 GG auch als **demokratie-konstituierende** Grundrechte bezeichnet.

I. Schutzbereich

1. Leitbegriff „Versammlung"

Versammlung:
- Zusammenkunft von mind. zwei Personen
- zur Verfolgung eines gemeinsamen Zwecks, welcher in der kommunikativen Einflussnahme auf die öffentliche Meinung besteht

Eine Versammlung ist gegeben, wenn mehrere Personen an einem Ort zusammenkommen, um gemeinsam Meinung zu bilden und zu äußern. Dabei ist streitig, ob für eine Versammlung zwei Personen ausreichen oder ob mindestens drei Personen erforderlich sind. Diese (eher theoretische) Frage wird vom BVerfG offen gelassen.

Zweck der Zusammenkunft muss die gemeinsame Meinungsbildung und -äußerung sein, die sich nach h.M. auch auf Privatangelegenheiten beziehen kann. Nicht ausreichend ist allerdings das zufällige Zusammentreffen ohne gemeinsamen Zweck (Ansammlung), z.B. nach einem Verkehrsunfall. Davon zu unterscheiden sind Spontanversammlungen, die sich aus aktuellem Anlass augenblicklich bilden, und Eilversammlungen, die sich so kurzfristig bilden, dass die durch § 14 Versammlungsgesetz normierte 48-stündige Anmeldefrist nicht eingehalten werden kann. Diese werden durch Art. 8 GG geschützt.

2. Sachliche Schutzbereichsbeschränkungen

Geschützt werden von Art. 8 GG nur **friedliche** Versammlungen **ohne Waffen**.

Eine Versammlung ist unfriedlich, wenn sie einen **gewalttätigen** oder **aufrührerischen** Verlauf nimmt, wobei nur aggressive Einwirkungen von einiger Erheblichkeit unter den Gewaltbegriff i.S.d. Art. 8 GG fallen. Aus diesem Grunde fallen reine **Sitzblockaden nicht** unter den Gewaltbegriff i.S.d. Art. 8 GG (**Vorsicht:** Nach der Rspr. des BGH können Sitzblockaden aber den Gewaltbegriff i.S.d. Nötigungstatbestandes, § 240 StGB, erfüllen!).

Aufrührerisch ist eine Versammlung, wenn gegen rechtmäßig handelnde Vollstreckungsbeamte aktiv gewaltsam vorgegangen wird.

Waffen sind neben den Waffen im technischen Sinne (Schuss-, Hieb-, Stichwaffen, Molotowcocktails) alle Gegenstände, die objektiv zur Personen- oder Sachverletzung geeignet sind und subjektiv zu diesen Zwecken mitgeführt werden (z.B. Stuhlbeine, Bierflaschen).

3. Persönlicher Schutzbereich

Die Versammlungsfreiheit ist ein Deutschenrecht. Es können sich allerdings nicht nur natürliche Personen auf das Grundrecht berufen, sondern auch juristische Personen des Zivilrechts oder andere Personenmehrheiten. Ein Ausländer kann sich lediglich auf seine allgemeine Handlungsfreiheit aus Art. 2 Abs. 1 GG berufen. Zur Frage, inwieweit sich EU-Staatsangehörige auf das Deutschenrecht berufen können (s.o. im 2. Teil, S. 14 f.).

II. Eingriff

Ein Eingriff in die Versammlungsfreiheit wird nach den normalen, bereits oben (2. Teil) dargestellten Grundsätzen geprüft.

III. Verfassungsrechtliche Rechtfertigung

1. Schranke

Versammlungen **unter freiem Himmel** können gemäß Art. 8 Abs. 2 GG durch Gesetz oder auf Grund eines Gesetzes beschränkt werden **(einfacher Gesetzesvorbehalt)**. Das Merkmal „unter freiem Himmel" ist eng auszulegen und entfällt bereits dann, wenn die Versammlung durch seitliche Begrenzungen von der Außenwelt abgeschirmt ist, z.B. in Stadien. Entscheidend ist also nicht, ob der Ort der Versammlung überdacht ist oder nicht. Maßgeblich ist vielmehr, ob **die Räumlichkeit für die Öffentlichkeit frei zugänglich** ist.

Beispiel: Eine Demonstration im Terminal des Flughafens Frankfurt stellt eine Versammlung „unter freiem Himmel" dar, da der Terminal ohne Zugangskontrolle durch die Öffentlichkeit frei zu betreten ist (BVerfG Urt. v. 22.02.2011 – 1 BvR 699/06).

Der Gesetzesvorbehalt des Art. 8 Abs. 2 GG ist insbesondere durch die §§ 14 ff. VersammlungsG konkretisiert worden.

Für Versammlungen **in geschlossenen Räumen** gilt der Gesetzesvorbehalt nicht. Daher unterfallen diese **nur** den **verfassungsimmanenten Schranken**, also den Grundrechten Dritter und der Werte von Verfassungsrang. Diese sind vom Gesetzgeber insbesondere in den §§ 5–13 VersammlungsG näher ausgestaltet worden.

2. Schranken-Schranken

Es gelten hier zunächst die normalen Grundsätze (vgl. oben 3. Teil, S. 28). Es ist aber, wegen der besonderen Bedeutung des Art. 8 GG für die Demokratie, der **Grundsatz der Verhältnismäßigkeit** in besonderem Maße zu beachten.

Klassische Problemfälle in diesem Zusammenhang sind:

- die **Anmeldepflicht** gemäß § 14 VersammlungsG, die dem klaren Wortlaut des Art. 8 GG widerspricht. Allerdings ermöglicht die Anmeldung der zuständigen Behörde, den Demonstranten einen ordnungsgemäßen Ablauf der Versammlung zu gewährleisten (z.B. Schutz vor Gegendemonstranten). Aus diesem Grunde wird die Anmeldepflicht als verfassungskonform angesehen.

- **Spontanversammlungen**, die sich aus aktuellem Anlass augenblicklich bilden, und **Eilversammlungen**, die sich so kurzfristig bilden, dass die durch § 14 VersammlungsG normierte 48-stündige Anmeldefrist nicht eingehalten werden kann. Wegen Art. 8 GG muss § 14 VersammlungsG für solche Versammlungen **verfassungskonform** ausgelegt werden. Das bedeutet, dass § 14 VersammlungsG für Spontanversammlungen nicht anwendbar ist, diese also nicht angemeldet werden müssen, und Eilversammlungen zwar anzumelden sind, dann aber die Frist des § 14 VersammlungsG entsprechend verkürzt wird und nicht eingehalten werden muss.

Fallbeispiel und Einbau in der Klausur: *AS-FallSkript Grundrechte/Staatsorganisationsrecht (2016), Fälle 10, 11*
Wenn Sie mehr wissen möchten: *AS-Skript Grundrechte (2015), Rn. 315 ff.*

Check: Art. 8 GG

1. Was ist eine Versammlung?	**1.** Eine Versammlung ist eine Zusammenkunft von mindestens zwei Personen, die sich zu einem gemeinsamen Zweck zusammen finden, wobei der Zweck in der kollektiven Meinungsbildung und -äußerung bestehen muss.
2. Welche Schutzbereichsbegrenzungen kennt Art. 8 GG?	**2.** Einerseits ist Art. 8 GG als „Deutschenrecht" in persönlicher Hinsicht beschränkt. Andererseits enthält Art. 8 GG die sachliche Schutzbereichsbegrenzung auf „friedliche" Versammlungen „ohne Waffen".
3. Wann ist eine Versammlung unfriedlich?	**3.** Wenn die Versammlung einen gewalttätigen oder aufrührerischen Verlauf nimmt. Der Gewaltbegriff setzt aber eine aggressive Einwirkung von einiger Erheblichkeit voraus.
4. Würde ein Baseballschläger unter den Begriff „Waffe" subsumiert werden können?	**4.** Da „Waffe" auch alle Gegenstände erfasst, die objektiv zur Personenverletzung geeignet sind und subjektiv zu diesem Zweck mitgeführt werden, kann auch der Baseballschläger eine Waffe i.S.v. Art. 8 Abs. 1 GG sein.
5. Welche Art Schranke enthält Art. 8 Abs. 2 GG?	**5.** Es handelt sich um einen einfachen Gesetzesvorbehalt.
6. Was meint „unter freiem Himmel"?	**6.** Maßgeblich ist nicht, ob der Versammlungsort überdacht ist, sondern vielmehr, ob die Räumlichkeiten für die Öffentlichkeit frei zugänglich sind.
7. Wären Versammlungen in geschlossenen Räumen überhaupt einschränkbar?	**7.** Ja! Zwar gilt für diese nicht der Gesetzesvorbehalt des Art. 8 Abs. 2 GG. Es gelten aber – wie immer – die verfassungsimmanenten Schranken.
8. Verstößt die Anmeldepflicht des § 14 VersG gegen Art. 8 GG?	**8.** Nein! Obwohl Art. 8 Abs. 1 GG ausdrücklich besagt, dass das Recht der Versammlung auch ohne Anmeldung besteht, wird die Anmeldepflicht als verfassungskonform angesehen, da diese der Polizei auch einen Schutz der Demonstranten selbst ermöglicht.
9. Was sind Spontan-, was Eilversammlungen?	**9.** Spontanversammlungen sind solche, die sich augenblicklich aus einem aktuellen Anlass bilden. Eilversammlungen sind solche, die sich so kurzfristig bilden, dass die 48-stündige Anmeldefrist des § 14 VersG nicht mehr eingehalten werden kann.

H. Die Vereinigungsfreiheit, Art. 9 Abs. 1 GG

!

Hinweis: *Art. 9 GG schützt neben der Vereinigungsfreiheit (Abs. 1) auch die Koalitionsfreiheit (Art. 9 Abs. 3 GG). Da diese in den Anfangssemestern jedoch keine Rolle spielt, wird auf eine Darstellung an dieser Stelle verzichtet.*

I. Schutzbereich

Art. 9 Abs. 1 GG schützt die Freiheit, Vereine und Gesellschaften zu bilden. Geschützt werden alle Vereinigungen, nicht nur Vereine i.S.d. bürgerlichen Rechts.

Der Begriff der Vereinigung ist identisch mit dem Begriff nach § 2 des VereinsG. Danach ist eine Vereinigung eine

- **Mehrheit von Personen**, wobei nach h.M. bereits zwei Personen ausreichen,
- die sich nach h.M. **privatrechtlich** zusammengeschlossen haben, da nur der Staat öffentlich-rechtliche Vereinigungen gründen darf,
- die – in Abgrenzung zu einer Versammlung – auf eine **gewisse Dauer** angelegt ist,
- wobei ein **gemeinsamer Zweck** verfolgt wird (z.B. Sport, Wirtschaft, Geselligkeit),
- in der die Mitglieder einer **organisierten Willensbildung** unterworfen sind und
- in der der Zusammenschluss **freiwillig** erfolgt. Daher fallen Zwangsvereinigungen nicht unter den Vereinigungsbegriff (s. dazu noch unten).

Geschützt wird in positiver Hinsicht das Recht des Einzelnen, eine Vereinigung zu bilden und sich in ihr zu betätigen, aber auch in negativer Hinsicht das Recht, aus Vereinigungen auszutreten oder einer solchen von vornherein fernzubleiben. Daneben gewährleistet Art. 9 Abs. 1 GG als kollektives Recht die Vereinigung als solche.

!

Problemkreis öffentlich-rechtliche Vereinigungen

Problem: *Ein besonderes Problem stellt hinsichtlich des Schutzbereiches die Frage dar, ob Art. 9 Abs. 1 GG auch auf öffentlich-rechtliche (Zwangs-) Vereinigungen anwendbar ist (z.B. die Zwangsmitgliedschaft eines Kaufmanns in der Industrie- und Handelskammer).*

*Nach **h.M.** gilt Art. 9 Abs. 1 GG **nur für privatrechtliche Vereinigungen**, nicht aber für öffentlich-rechtliche Zusammenschlüsse. Die negative Vereinigungsfreiheit sei das Spiegelbild der positiven Vereinigungsfreiheit. Da* *es für den Einzelnen kein Grundrecht aus Art. 9 Abs. 1 GG auf Bildung von öffentlich-rechtlichen Verbänden gebe, könne es auch keinen Negativanspruch auf Freiheit von öffentlich-rechtlichen Zwangsverbänden geben.*

***Andere** meinen, Art. 9 Abs. 1 GG sei auch für öffentlich-rechtliche Zusammenschlüsse anwendbar. Zwar stehe dem Einzelnen nicht das Recht zu, mit anderen eine juristische Person des öffentlichen Rechts zu gründen. Dies rechtfertige aber nicht den Umkehrschluss, dass die negative Vereinigungsfreiheit nur vor privatrechtlichen Zwangsverbindungen schütze.*

Für die h.M. spricht insbesondere, dass das umfassende System der Zwangsmitgliedschaften in öffentlich-rechtlichen Vereinigungen bereits zum Zeitpunkt des Inkrafttretens des GG vorhanden war. So gab es neben den Industrie- und Handelskammern bereits die Kammern für die freien Berufe, wie z.B. die Rechtsanwaltskammern. Vertreter der letztgenannten Auffassung haben dann aber Schwierigkeiten, die zahlreich geregelten Zwangsmitgliedschaften zu rechtfertigen.

Daher sind mit der h.M. sämtliche öffentlich-rechtliche Vereinigungen und Zwangsverbände aus dem Schutzbereich des Art. 9 Abs. 1 GG auszuklammern. Zwangsmitglieder in solchen Vereinigungen können sich lediglich auf die allgemeine Handlungsfreiheit des Art. 2 Abs. 1 GG berufen.

II. Eingriff

Eingriffe in den Schutzbereich des Art. 9 Abs. 1 GG sind alle hoheitlichen Beeinträchtigungen der Mitglieder oder der Vereinigung selbst, und zwar von der Gründungsphase bis zur Auflösungsphase.

***Beispiele:** Vereinsverbote, Warnung vor Vereinen oder Aufruf zu Demonstrationen gegen einen Verein, Beobachtung eines Vereins durch den Verfassungsschutz*

III. Verfassungsrechtliche Rechtfertigung

1. Schranken

Beschränkt wird die Vereinigungsfreiheit durch Art. 9 Abs. 2 GG, nach dem Vereinigungen, die den Strafgesetzen zuwiderlaufen (usw.) verboten sind. Dabei handelt es sich nach h.M. um eine **verfassungsunmittelbare Schranke** (vgl. oben 3. Teil, S. 27). Das bedeutet, dass solche Vereinigungen nicht automatisch verboten sind, sondern erst nach einem entsprechenden Vereinsverbot gestützt auf Art. 9 Abs. 2 GG bzw. § 3 VereinsG.

!

Hinweis: *Nach anderer Auffassung stellt Art. 9 Abs. 2 GG eine „sachliche Schutzbereichsbeschränkung" dar. Das würde bedeuten, dass entsprechende Vereinigungen von vorneherein nicht von Art. 9 Abs. 1 GG geschützt wären, sondern nur über Art. 2 Abs. 1 GG.*

Daneben gelten auch die **verfassungsimmanenten Schranken**, wobei diese in der Praxis kaum eine Bedeutung haben.

Beispiel: Zum Schutz der Funktionsfähigkeit des Strafvollzugs als Wert von Verfassungsrang kann eine Vereinigung von Strafgefangenen verboten werden.

2. Schranken-Schranken

Für die Schranken-Schranken gelten die normalen Grundsätze (3. Teil, S. 28).

Check: Art. 9 GG

1. Werden durch die Vereinigungsfreiheit nur Vereine i.S.d. BGB geschützt?

1. Nein, sondern alle Vereinigungen.

2. Was ist eine „Vereinigung"?

2. Eine Mehrheit von Personen, die sich privatrechtlich und freiwillig auf Dauer zu einem gewissen Zweck zusammengeschlossen hat, und bei der die Mitglieder einer organisierten Willensbildung unterworfen sind.

3. Ist Art. 9 Abs. 1 GG auch auf öffentlich-rechtliche Zwangsvereinigungen (z.B. die IHK) anwendbar?

3. Nach h.M. gilt Art. 9 Abs. 1 GG nur für privatrechtliche Vereinigungen, sodass öffentlich-rechtliche Vereinigungen nur dem Art. 2 Abs. 1 GG unterfallen.

4. Wie wird diese h.M. begründet?

4. Da es keinen Anspruch auf die Bildung einer öffentlich-rechtlichen Vereinigung gibt, kann es (negativ) auch keinen Anspruch darauf geben, vor öffentlich-rechtlichen Zwangsvereinigungen verschont zu bleiben. Außerdem gab es das System der öffentlich-rechtlichen Zwangsverbände schon vor dem Inkrafttreten des GG.

5. Was stellt Art. 9 Abs. 2 GG dar?

5. Nach h.M. eine verfassungsunmittelbare Schranke. Nach der Gegenansicht eine sachliche Schutzbereichsbeschränkung.

I. Die Berufsfreiheit, Art. 12 GG

Art. 12 GG beinhaltet folgende Gewährleistungen:

- die **Berufsfreiheit**, Art. 12 Abs. 1 GG,
- die **Freiheit von Arbeitszwang**, Art. 12 Abs. 2 GG, d.h. das grundsätzliche Verbot, jemanden zu einzelnen Arbeiten zu zwingen
- und schließlich die **Freiheit von Zwangsarbeit**, Art. 12 Abs. 3 GG: das grundsätzliche Verbot des Zwangs zum Einsatz der gesamten Arbeitskraft (im Unterschied zu Art. 12 Abs. 2 GG!).

Im Folgenden wird die **Berufsfreiheit** gemäß **Art. 12 Abs. 1 GG** besprochen.

I. Schutzbereich des Art. 12 Abs. 1 GG

1. Sachlicher Schutzbereich

Einheitliches Grundrecht der Berufsfreiheit

Art. 12 Abs. 1 GG enthält zwei Sätze und unterscheidet zum einen die freie **Wahl** von Beruf, Arbeitsplatz und Ausbildungsstätte (S. 1), und zum anderen die Freiheit der Berufs**ausübung** (S. 2). Ferner wird von Art. 12 Abs. 1 GG **auch die negative Berufsfreiheit** gewährleistet, d.h. die Freiheit, einen bestimmten Beruf, eine Ausbildung etc. nicht zu ergreifen oder auszuüben.

Berufswahl und Berufsausübung lassen sich dabei nicht ohne Weiteres trennen. Durch die Berufsausübung wird die Berufswahl immer wieder bestätigt, beide Aspekte hängen also miteinander zusammen. Deshalb fasst die ganz h.M. und die ständige Rspr. des BVerfG (Apothekenurteil, BVerfGE 7, 377) Art. 12 Abs. 1 GG als **einheitliches Grundrecht** der Berufsfreiheit auf.

Der Inhalt des Art. 12 Abs. 1 GG wird von seinem **Leitbegriff „Beruf“** her bestimmt. Dazu ist die folgende Definition entwickelt worden:

Definition: Beruf

Beruf ist jede auf Dauer angelegte, der Schaffung und Erhaltung einer Lebensgrundlage dienende Tätigkeit, die nicht schlechthin gemeinschädlich ist.

Der letzte Satzteil **„nicht schlechthin gemeinschädlich"** entspricht der Definition der h.M., die sozial nicht hinnehmbare Tätigkeiten aus dem Schutzbereich des Art. 12 Abs. 1 GG herausnimmt. Daher können sich Taschendiebe, Rauschgiftdealer, Spione etc. nicht auf dieses Grundrecht berufen.

!

Anmerkung: *Teilweise wird auch heute noch vertreten, dass die Tätigkeit* ***erlaubt*** *sein muss. Das Problem dieser Auffassung besteht darin, dass es dann der Gesetzgeber in der Hand hätte, durch das Verbot bestimmter Tätigkeiten den Schutzbereich des Grundrechts zu bestimmen. Richtigerweise bestimmen aber nicht die einfachen Gesetze die Auslegung der Grundrechte, sondern umgekehrt die Grundrechte als höherrangiges Recht die Auslegung des einfachen Rechts.*

Beispiel: B will ihren Lebensunterhalt mit „Heilmagnetisieren" verdienen. Fällt dies unter Art. 12 Abs. 1 GG?

Die Tätigkeit der B ist auf Dauer angelegt, dient ihrem Lebensunterhalt und ist nicht schlechthin gemeinschädlich. Allerdings handelt es sich um eine ungewöhnliche Tätigkeit.

Doch nicht nur die traditionellen Berufe, wie Bäcker, Metzger, Richter, Arzt etc. sind geschützt, sondern **auch untypische Tätigkeiten** wie „Heilmagnetisieren" oder auch der Betrieb einer „Deckhengststation".

Weiteres Beispiel:

Der Prostituierten P wird verboten, ihrer Arbeit in einer bestimmten Straße nachzugehen. P möchte sich dagegen unter Berufung auf Art. 12 Abs. 1 GG wehren. Ist das möglich?

Problematisch ist insoweit, ob es sich bei der Arbeit der P um eine **„schlechthin gemeinschädliche Tätigkeit"** handelt. Während dies früher bejaht wurde, mehren sich heute die Stimmen, die die Prostitution für einen Beruf i.S.d. Art. 12 Abs. 1 GG halten, dessen Ausübung lediglich in gewissen Regelungen Schranken findet. Der nichteheliche Geschlechtsverkehr gegen Entgelt ist nämlich nicht schlechthin verboten wie z.B. Rauschgifthandel.

2. Persönlicher Schutzbereich

Berufsfreiheit als Deutschengrundrecht

Zur Wiederholung: Art. 12 Abs. 1 GG ist ein sogenanntes „Deutschengrundrecht", d.h. Ausländer können sich nicht darauf berufen.
Über Art. 19 Abs. 3 GG können sich auch inländische juristische Personen auf Art. 12 Abs. 1 GG berufen, soweit sie wie natürliche Personen tätig werden.

Beispiel: A stammt aus den USA. Er möchte als gewerbsmäßiger Makler tätig werden und beantragt eine entsprechende Erlaubnis bei der zuständigen Behörde (vgl. § 34 c GewO). Diese wird ihm verweigert. Auf welche Grundrechte kann sich A berufen?

A ist Ausländer und damit kein Deutscher i.S.d. Art. 116 Abs. 1 GG. Daher kann er sich nicht auf Art. 12 Abs. 1 GG berufen. Es kommt „nur" **Art. 2 Abs. 1 GG** in Betracht.

II. Eingriffe in den Schutzbereich des Art. 12 Abs. 1 GG

Eingriff i.e.S.

Unproblematisch liegt ein Eingriff vor, wenn durch staatliche **Rechtsakte** die Freiheiten des Art. 12 Abs. 1 GG **final** und **unmittelbar** verkürzt werden (enger Eingriffsbegriff, vgl. 3. Teil, S. 25).

Eingriff i.w.S.

Denkbar ist aber auch ein Eingriff durch **faktisch-mittelbar** wirkende Rechtsakte oder auch durch **Realakte** (vgl. 3. Teil, S. 25).

Formel des BVerfG

Das BVerfG hat für die Berufsfreiheit insoweit eine **eigene Formel** für die Beurteilung der Grundrechtsrelevanz solcher Beeinträchtigungen entwickelt und geht von einem Eingriff nur dann aus, wenn das staatliche Handeln **„subjektiv oder objektiv berufsregelnde Tendenz"** hat. Es stellt damit letztlich auf die Zielgerichtetheit der Einwirkung (Finalität) bzw. das Maß der tatsächlichen Betroffenheit durch die staatliche Einwirkung (Intensität der Beeinträchtigung) ab.

Anwendung allgemeiner Regeln

Teilweise bemüht man sich auch hier um die Anwendung allgemeiner, für alle Freiheitsrechte geltende Regeln und bejaht die Relevanz der Grundrechtsbeeinträchtigung, wenn die Folgen für die Berufsfreiheit beabsichtigt **(Finalität im engeren Sinne)** oder zumindest vorhersehbar sind und in Kauf genommen werden **(Finalität im weiteren Sinne)**. Das Kriterium der **Intensität** wird meist nur ergänzend herangezogen, wenn mittelbare Grundrechtsbeeinträchtigungen nicht oder nicht eindeutig vom Finalitätskriterium im weiteren Sinne erfasst werden.

Beispiel: Staatliche Warnung vor glykolhaltigem Wein der Marke Pieroth unter Inkaufnahme (Finalität i.w.S.!), dass auch der Vertrieb unschädlicher Produkte der Marke erheblich (Intensität!) behindert wird.

Beispiel: Vor einigen Jahren wurden von staatlicher Seite preisvergleichende Transparenzlisten wirkungsgleicher Arzneimittel veröffentlicht. Stellt dies einen Eingriff in die Berufsausübung der Arzneimittelhersteller dar?

Da hier nicht gezielt eine Berufsregelung aufgestellt werden sollte, liegt kein klassischer Grundrechtseingriff vor. Allerdings wirkt sich diese wirtschaftslenkende Maßnahme objektiv insofern aus, als mittelbar die Preisgestaltung und damit die Berufsausübung der Arzneimittelhersteller beeinträchtigt wird. Daher ist ein (mittelbarer) Grundrechtseingriff zu bejahen.

III. Verfassungsrechtliche Rechtfertigung

1. Schranke

Schrankensystematik des Art. 12 Abs. 1 GG: Gesetzesvorbehalt

Art. 12 Abs. 1 GG ist – wie erwähnt – als einheitliches Grundrecht der Berufsfreiheit zu behandeln. Für die Regelung von Berufswahl und Berufsausübung gilt somit auch eine **einheitliche Schrankensystematik**. Der in Art. 12 Abs. 1 S. 2 GG genannte Gesetzesvorbehalt bezieht sich aus diesem Grunde auch auf Art. 12 Abs. 1 S. 1 GG. Es gilt danach für Art. 12 Abs. 1 GG:

Einheitlicher Schutzbereich – einheitliche Schrankensystematik!

Das bedeutet, dass entgegen dem Wortlaut des Art. 12 Abs. 1 S. 2 GG nicht nur die Berufsausübung, sondern auch die Berufswahl dem Regelungs- bzw. Gesetzesvorbehalt des Art. 12 Abs. 1 S. 2 GG unterfällt.

Hinweis: Allerdings wird die Unterscheidung Berufswahl und Berufsausübung im Bereich der verfassungsrechtlichen Rechtfertigung von Grundrechtseingriffen doch wieder relevant (Stichwort: Dreistufentheorie – dazu sogleich!). Teilweise wird eine Unterscheidung auch bereits im Eingriff wieder vorgenommen.

Zudem ist zu beachten, dass trotz des Wortlauts („geregelt") von einem einfachen Gesetzesvorbehalt ausgegangen wird.

2. Schranken-Schranken

Grundsätzlich gelten für die Schranken-Schranken die normalen Vorgaben (vgl. 3. Teil, S. 28).

Dreistufentheorie

Allerdings baut das BVerfG die Verhältnismäßigkeitsprüfung bei Art. 12 Abs. 1 GG seit langer Zeit anders als bei anderen Grundrechten auf. Die Frage der Verhältnismäßigkeit wird dabei vor allem mit Hilfe der Dreistufentheorie beantwortet. Je höher die festgestellte Eingriffsstufe, desto strenger sind die Eingriffsvoraussetzungen.

Aufbaufragen

!

Beachten Sie: *Um den Aufbau zu „entzerren" wird teilweise bereits im Rahmen des Eingriffs geprüft, welche Eingriffsstufe gegeben ist. Die genaue Erörterung der Dreistufentheorie erfolgt aber jedenfalls erst im Rahmen der verfassungsrechtlichen Rechtfertigung (siehe auch unten)! Aufbautechnisch ist das zwar nicht ganz sauber (unzulässige Vorwegprüfung), aus dem genannten Grund wird dieser Weg aber häufig gewählt.*

Die Prüfung nach der Dreistufenlehre:

1. Stufe: „bloße" Berufsausübungsregelungen

Geringste Eingriffsintensität

Auf der untersten Stufe stehen „bloße" Berufs**ausübungs**regelungen („Wie" der beruflichen Tätigkeit). Der Gesetzgeber hat hier die größten Freiheiten. Er kann Regelungen treffen, die durch **vernünftige Erwägungen des Gemeinwohls** gerechtfertigt sind.

Beispiele: Ladenschlusszeiten, Polizeistunden, Beschränkungen des Schwerlastverkehrs in Ferienzeiten.

Mittlere Eingriffsintensität

2. Stufe: Berufs**wahl**regelungen mit **subjektiven** Zulassungsvoraussetzungen

Durch Vorschriften, die die Aufnahme einer beruflichen Tätigkeit von persönlichen Eigenschaften, Kenntnissen, nachgewiesenen Leistungen etc. abhängig machen, wird in die Berufswahlfreiheit („Ob" der beruflichen Tätigkeit) eingegriffen. Diese subjektiven Zulassungsvoraussetzungen, die auf der „mittleren Stufe" stehen, sind verfassungsrechtlich gerechtfertigt, wenn ein **wichtiges Gemeinschaftsgut geschützt werden soll**, insbesondere ein solches von Verfassungsrang.

Beispiele: Altersgrenzen für die Ausübung von Berufen, Prüfung der „Zuverlässigkeit" eines Berufsbewerbers für die Aufnahme seiner Tätigkeit, der Nachweis von Prüfungen oder bestimmten Ausbildungen.

Hohe Eingriffsintensität

3. Stufe: Berufs**wahl**regelungen mit **objektiven** Zulassungsvoraussetzungen

Auch sie betreffen die Berufswahlfreiheit („Ob" der beruflichen Tätigkeit). Sie machen aber im Unterschied zu subjektiven Voraussetzungen die Zulassung zu bestimmten Berufen von Voraussetzungen abhängig, die der Berufsanwärter nicht beeinflussen kann.

Deshalb stehen solche objektiven Zulassungsvoraussetzungen auch auf der höchsten Stufe. Hier muss der Gesetzgeber vorsichtig und zurückhaltend sein und darf in diese Richtung nur **zur Abwehr nachweisbarer oder höchstwahrscheinlicher schwerer Gefahren für ein überragend wichtiges Gemeinschaftsgut** tätig werden.

!

Vorsicht: *Bei der Annahme eines **überragend wichtigen** Gemeinschaftsgutes sollten Sie vorsichtig sein. Denn normalerweise werden vernünftige Ergebnisse später in der Prüfung der Angemessenheit (= Verhältnismäßigkeit im engeren Sinne) hergestellt. Dabei werden im Rahmen der Abwägung die Schäden des Einzelnen mit dem Nutzen der Allgemeinheit verglichen. Wenn der Nutzen der Allgemeinheit aber in dem Schutz eines überragend wichtigen Gemeinschaftsgutes besteht, sind kaum noch Schäden bei dem Einzelnen vorstellbar, die die Abwägung zugunsten des Einzelnen ausgehen lassen können. Das Ergebnis der Abwägung ist daher (in den meisten Fällen) von vorneherein klar. Überragend wichtige Gemeinschaftsgüter können sich daher nur aus den **Grundentscheidungen der Verfassung** ergeben (z.B. die Funktionsfähigkeit der Sozialversicherungssysteme, da ohne diese der Sozialstaat völlig ausgehöhlt würde, Art. 20 Abs. 1 GG).*

Beispiele: Bedürfnisklauseln (= zahlenmäßige Beschränkungen) wie § 13 Abs. 4 PBefG für Taxen oder § 4 BNotO für Notare; Verwaltungsmonopole, die die Ausübung einer Tätigkeit dem Staat vorbehalten, wie früher das Arbeitsvermittlungsmonopol der Bundesanstalt für Arbeit.

Die Dreistufentheorie

Niedrige Anforderungen	„Mittelhohe" Anforderungen	Hohe Anforderungen
Unterste Eingriffsstufe	**Mittlere Eingriffsstufe**	**Höchste Eingriffsstufe**
Berufsausübungsregeln sind zulässig, wenn vernünftige Erwägungen des Gemeinwohls solche Regeln zweckmäßig erscheinen lassen.	**Subjektive Zulassungsvoraussetzungen** sind **nur** zulässig, um ein wichtiges Gemeinschaftsgut, das der Freiheit des Einzelnen vorgeht, zu schützen.	**Objektive Zulassungsvoraussetzungen** sind **nur ausnahmsweise** zur Abwehr nachweisbarer oder höchstwahrscheinlicher schwerer Gefahren für ein überragend wichtiges Gemeinschaftsgut zulässig.

Beispiel: Die Fleischhygieneverordnung, die vom Bundesgesundheitsminister aufgrund des Fleischhygienegesetzes erlassen wurde, stellt hygienische Anforderungen an Fleischgewinnung, -zubereitung, -behandlung etc. auf. M ist Metzger. Er möchte wissen, wie sich diese strengen Vorschriften mit seiner Berufsfreiheit vereinbaren lassen.

Ein Eingriff in die Berufsfreiheit liegt unproblematisch vor. Fraglich ist die „Eingriffsstufe".
Hier geht es nicht um das „Ob" der Berufsausübung, sondern um das „Wie". Daher handelt es sich um eine **Berufsausübungsregelung**.
Ein derartiger Eingriff ist durch **vernünftige Erwägungen des Gemeinwohls** zu rechtfertigen. Der Gesundheitsschutz der Bevölkerung stellt einen solchen Gemeinwohlbelang dar. Art. 12 Abs. 1 GG ist nicht verletzt.

Weiteres Beispiel:

H möchte einen handwerklichen Beruf ergreifen. Er erfährt, dass er dafür eine Ausbildung mit Abschlussprüfung absolvieren muss. Ist das mit Art. 12 Abs. 1 GG vereinbar?

Der Schutzbereich des Art. 12 Abs. 1 GG ist persönlich und sachlich eröffnet. Durch das Ausbildungserfordernis wird in den Schutzbereich eingegriffen. Die Ausübung der beruflichen Tätigkeit wird von Befähigungsnachweisen abhängig gemacht. Daher handelt es sich um eine **subjektive Zulassungsschranke** und damit um einen Eingriff auf der zweiten Stufe.

Auch subjektive Zulassungsvoraussetzungen sind nur zum Schutz wichtiger Gemeinschaftsgüter gerechtfertigt. Schutzwürdig können nicht nur allgemein anerkannte, sondern auch solche Gemeinschaftswerte sein, die sich erst aus den besonderen wirtschafts-, sozial- und gesellschaftspolitischen Zielen des

Gesetzgebers ergeben. Dazu gehört auch die Erhaltung des Leistungsstandes und der Leistungsfähigkeit des Handwerks und die Sicherung des Nachwuchses für die gesamte gewerbliche Wirtschaft.
Der Eingriff zur **Sicherung** dieses **wichtigen Gemeinwohlbelangs** ist auch verhältnismäßig. Daher ist Art. 12 Abs. 1 GG nicht verletzt.

Weiteres Beispiel:

M hat sein Pharmaziestudium erfolgreich absolviert und möchte in einem kleineren Ort, in dem bereits eine Apotheke existiert, eine Apotheke eröffnen. Dies wird ihm mit Hinweis auf eine Regelung verwehrt, die die Zulassung einer neuen Apotheke unter anderem von der Anzahl der bereits vorhandenen Apotheken (im Verhältnis zur Einwohnerzahl) und dem „Erfordernis" einer neuen Apotheke abhängig macht. Durch die Regelung soll verhindert werden, dass wegen des sonst eintretenden Wettbewerbs zwischen Apotheken eine „Zügellosigkeit" bei der Abgabe von Medikamenten eintritt. Zu viele Apotheken hätten nach Ansicht des Gesetzgebers schwere Folgen für die Volksgesundheit (z.B. Tablettensucht).
M fühlt sich in seiner Berufsfreiheit verletzt. Zu Recht?

Der sachliche Schutzbereich ist beim Beruf des Apothekers eröffnet. M wird die Ausübung seines Berufs verwehrt. Ein Eingriff ist also zu bejahen. Fraglich ist die Stufe. Die Tatsache, dass M ein Pharmaziestudium (2. Stufe!) nachweisen kann, heißt noch lange nicht, dass er eine Apotheke eröffnen kann und „ob" (!) er überhaupt in seinem „erlernten" Beruf tätig werden darf. Dies ist abhängig von Faktoren (Anzahl der bereits vorhandenen Apotheken), auf die er keinen Einfluss hat. Daher liegt ein **Eingriff auf der dritten Stufe** vor.

Verfassungsrechtlich gerechtfertigt ist der Eingriff nur, wenn dies zum Schutze eines überragend wichtigen Gemeinschaftsguts erforderlich ist. Die Volksgesundheit ist nicht nur ein wichtiges, sondern ein **überragend wichtiges Gemeinschaftsgut**. Das BVerfG kam aber im „Apothekenurteil" (BVerfGE 7, 377 ff.), das diesem Beispielsfall zugrunde liegt, zu dem Ergebnis, dass Gefahren für die Volksgesundheit **nicht derart wahrscheinlich** waren, dass ein so gravierender Eingriff in die Berufsfreiheit vorgenommen werden darf.

Die Regelung im Beispielsfall wurde vom BVerfG im Jahr 1958 demzufolge für verfassungswidrig erklärt. Sie schränkte das Grundrecht der Berufsfreiheit in verfassungsrechtlich nicht gerechtfertigter Weise ein.

Schwächen der Dreistufentheorie

Die Dreistufentheorie wurde vom BVerfG im genannten Apothekenurteil entwickelt. Das BVerfG sagt selbst, dass diese Theorie das Ergebnis der strikten **Anwendung des Verhältnismäßigkeitsprinzips** ist.

Die Dreistufentheorie hat jedoch Schwächen. Die „Stufen" sind oft **nicht klar abgrenzbar** und verschwimmen ineinander. Probleme entstehen auch, wenn ein **Eingriff zwanghaft einer Stufe zugeordnet** wird. Denn in gewissen Fällen ist denkbar, dass ein Eingriff auf einer niederen Stufe intensiver ist als auf einer höheren Stufe.

Beispiel: Eine Berufsausübungsregelung, die für bestimmte Handelssparten die Öffnungszeiten empfindlich einschränken würde (Berufsausübungsregelung), könnte den Handel empfindlicher treffen, als leicht zu erfüllende subjektive Zulassungsvoraussetzungen.

Das BVerfG fängt diese Schwächen der Dreistufentheorie auf, indem es gegebenenfalls die Systematik der Dreistufentheorie verlässt und quasi als Korrektur eine Rechtfertigung aus einer anderen Stufe vornimmt. So ist es denkbar, dass ein Eingriff auf der ersten Stufe (Berufsausübung) faktisch so stark in die Berufsfreiheit eingreift, dass sie für den Betroffenen wie eine Einschränkung auf der dritten Stufe wirkt und daher den Rechtfertigungsanforderungen der dritten Stufe unterfällt.

Lösung durch das BVerfG

Beispiel: Gemäß § 1b AÜG ist Arbeitnehmerüberlassung nach § 1 AÜG in Betriebe des Baugewerbes für Arbeiten, die üblicherweise von Arbeitern verrichtet werden, unzulässig. Ca. 20% aller Verleihfirmen betätigten sich zum Zeitpunkt des Inkrafttretens dieser Norm ausschließlich damit, Bauarbeiter zu überlassen. Da es als Beruf lediglich den Beruf des „Verleihers von Arbeitnehmern" gibt, greift die Regelung nur als Berufsausübungsregelung (1. Stufe) ein. Faktisch wirkt die Regelung aber für diese sogenannten „Nur-Verleiher" wie ein Eingriff auf der dritten Stufe. Daher würde die Rechtfertigung aus der dritten Stufe vorgenommen.

In der Lit. wird dagegen teilweise eine **Rückkehr zu einer allgemeinen Verhältnismäßigkeitsprüfung** gefordert. Danach wäre wie bei anderen Grundrechten auch vorzugehen und eine normale Prüfung durchzuführen.

Lösungsmodell der Rückkehr zur allgemeinen Verhältnismäßigkeitsprüfung

weiteres Beispiel: Die Entziehung der kassenärztlichen Zulassung ist keine Berufswahlregelung, da es den Beruf des Kassenarztes nicht gibt. Gleichwohl würde die Entziehung der kassenärztlichen Zulassung bei den meisten niedergelassenen Ärzten einem Berufsverbot in der Wirkung gleichkommen, da die Berufsausübung wirtschaftlich keinen Sinn mehr macht. Soll die Entziehung beispielsweise aus Gründen, die in der Person der Arztes liegen, erfolgen (Abrechnungsbetrug), kommt sie einer Berufswahlregelung mit subjektiven Zulassungsvoraussetzungen gleich. Der Eingriff wäre danach verfassungsrechtlich nur gerechtfertigt, wenn ein wichtiges Gemeinschaftsgut geschützt werden soll, insbesondere ein solches von Verfassungsrang.

Prüfung in der Klausur

Bei der Prüfung der verfassungsrechtlichen Rechtfertigung von Eingriffen in die Berufsfreiheit können Sie „klassisch" mit dem BVerfG prüfen. Ein entsprechender Prüfungsaufbau mit dem BVerfG wird in Hausarbeit, Klausur und später im Examen nicht negativ gewertet werden.

Der Lösungsweg in der Klausur

Wenn Sie mehr wissen wollen:
AS-Skript Grundrechte (2015), Rn. 439 ff. (zur Berufsfreiheit)
Klausurtraining:
AS-FallSkript Grundrechte/Staatsorganisationsrecht (2016), Fälle 14, 15

Check: Art. 12 GG

1. Wird im Schutzbereich des Art. 12 GG zwischen Berufswahl und Berufsausübung unterschieden?	**1.** Nein, Art. 12 Abs. 1 GG schützt ein einheitliches Grundrecht der Berufsfreiheit.
2. Wie wird „Beruf" definiert?	**2.** Beruf ist jede auf Dauer angelegte Tätigkeit, die der Schaffung und Erhaltung der Lebensgrundlage dient und die nicht schlechthin gemeinschädlich ist.
3. Warum muss die Tätigkeit nach h.M. nicht erlaubt sein?	**3.** Dann hätte es der einfache Gesetzgeber in der Hand, den Schutzbereich des Grundrechtes zu definieren. Dabei ist das Grundrecht das höherrangige Recht.
4. Was ist bei faktisch-mittelbaren Grundrechtseingriffen zu beachten?	**4.** Solche mittelbaren Beschränkungen der Berufsfreiheit stellen nur dann einen Eingriff dar, wenn eine objektiv berufsregelnde Tendenz erkennbar ist.
5. Warum wird der Regelungs- (Gesetzes-)vorbehalt des Art. 12 Abs. 1 S. 2 GG entgegen dem Wortlaut auch auf die Berufswahlfreiheit angewendet?	**5.** Weil im Schutzbereich (einheitliches Grundrecht!) nicht zwischen Berufswahl und -ausübung unterschieden wird.
6. Welche Besonderheit ist in der Verhältnismäßigkeitsprüfung im Rahmen des Art. 12 GG zu beachten?	**6.** Der Grundsatz der Verhältnismäßigkeit wird über die sogenannte „Drei-Stufen-Theorie" systematisiert.
7. Welche drei Stufen sind zu unterscheiden?	**7.** Die Eingriffe in die Berufsausübung (1. Stufe); Berufswahlregelungen, die subjektive Zulassungsvoraussetzungen aufstellen (2. Stufe); Berufswahlregelungen, die objektive Zulassungsvoraussetzungen aufstellen (3. Stufe).
8. Welches Ziel muss der Gesetzgeber verfolgen, damit Eingriffe auf der dritten Stufe gerechtfertigt sein können?	**8.** Dem Gesetzgeber muss es um die Abwehr nachweisbarer oder höchstwahrscheinlicher schwerer Gefahren für ein überragend wichtiges Gemeinschaftsgut gehen.

J. Das Wohnungsgrundrecht, Art. 13 GG

Art. 13 Abs. 1 GG garantiert die **Unverletzlichkeit der Wohnung**. Das Grundrecht steht in einem engen Zusammenhang zum allgemeinen Persönlichkeitsrecht (Art. 2 Abs. 1, 1 Abs. 1 GG) und soll die „räumliche Privatsphäre" schützen, also einen Bereich, in dem der Einzelne das Recht hat, „in Ruhe gelassen zu werden".

Art. 13 GG schützt damit die freie Entfaltung der Persönlichkeit in räumlicher Hinsicht.

I. Schutzbereich

Der Begriff „Wohnung" ist weit auszulegen und erfasst jeden Raum, den der Einzelne der allgemeinen Zugänglichkeit entzieht und zum Ort seines Lebens und Wirkens bestimmt. Neben der eigentlichen Wohnung werden auch Nebenräume oder z.B. Hotelzimmer geschützt. Berechtigter ist der unmittelbare Besitzer, der die Wohnung tatsächlich nutzt, nicht zwingend der Eigentümer.

Nach überwiegender Auffassung sind auch **Betriebs- und Geschäftsräume** in den Schutzbereich des Art. 13 GG einzubeziehen. Zwar seien diese nicht Wohnung im engeren Sinne und insbesondere der Öffentlichkeit frei zugänglich. Der Inhaber könne aber Maß und Grenzen der Zugänglichkeit bestimmen und dadurch die Öffentlichkeit ausschließen. So gibt es z.B. auch in Kaufhäusern Räume, die erkennbar („Betreten nur für Betriebspersonal") nicht für die Allgemeinheit bestimmt sind.

II. Eingriff

Eingriffe liegen sowohl beim körperlichen Eindringen in die Wohnung vor, als auch beim „unkörperlichen Eindringen" durch technische Hilfsmittel (Lauschangriffe).

III. Verfassungsrechtliche Rechtfertigung

1. Schranken

Die Grundrechtschranken hängen davon ab, welche Art von Eingriff vorliegt.

Klausurhinweis: *Die folgende Unterscheidung nach der Eingriffsqualität kann auch schon im Prüfungspunkt „Eingriff" vorgenommen werden.* !

Art. 13 GG unterscheidet

- die **Durchsuchung**, Art. 13 Abs. 2 GG. Eine Durchsuchung setzt neben dem Betreten der Wohnung eine Suchhandlung voraus, um Personen oder Sachen zu finden oder einen bestimmten Sachverhalt zu erforschen. Nicht ausreichend ist, dass eine Person oder Sache beim Betreten ohne Weiteres zur Kenntnis genommen wird. Die Durchsuchung unterfällt dem **qualifizierten Gesetzesvorbehalt** des Art. 13 Abs. 2 GG, wonach sie nur durch den Richter, bei Gefahr im Verzuge auch durch die in den Gesetzen vorgesehenen anderen Organe angeordnet werden darf und nur in der durch das Gesetz vorgesehenen Form durchgeführt werden darf.
- den Einsatz technischer Mittel, insbesondere die verschiedenen Arten der **Lauschangriffe**, Art. 13 Abs. 3–5 GG. Wegen der Intensität der Eingriffe unterfallen sie den jeweiligen **qualifizierten Gesetzesvorbehalten** und die „großen Lauschangriffe" (Art. 13 Abs. 3 GG) einem Richtervorbehalt.
- die **(sonstigen) Eingriffe und Beschränkungen**, Art. 13 Abs. 7 GG. Sonstige Eingriffe und Beschränkungen des Grundrechtes auf Unverletzlichkeit der Wohnung unterfallen der **verfassungsunmittelbaren Schranke** des Art. 13 Abs. 7 Hs. 1 GG, wonach diese zur Abwehr einer gemeinen Gefahr oder Lebensgefahr vorgenommen werden dürfen. Eine gemeine Gefahr besteht für eine unbestimmte Vielzahl von Personen oder Sachen, z.B. durch Explosionen. Die Lebensgefahr muss nicht für den Eigentümer oder Besitzer der Wohnung bestehen. Die gefährdete Person kann auch jeder Dritte sein. Nach dem **qualifizierten Gesetzesvorbehalt** des Art. 13 Abs. 7 Hs. 2 GG dürfen Eingriffe zur Verhütung dringender Gefahren für die öffentliche Sicherheit oder Ordnung vorgenommen werden. Diese Begriffe sind dem Polizeirecht entlehnt und entsprechend auszulegen.

Sonderproblem: Betriebs- und Geschäftsräume

Ein **Sonderproblem** stellt die Einschränkungsmöglichkeit für das Betreten von Betriebs- und Geschäftsräumen dar. Wie oben bereits festgestellt, fallen Betriebs- und Geschäftsräume nach h.M. ebenfalls in den Schutzbereich des Art. 13 Abs. 1 GG, sodass ein Betreten dieser Räume durch Hoheitsträger einen Eingriff in das Grundrecht darstellt. Gleichwohl erlauben verschiedene Gesetze ein Betreten (sogenannte „Nachschau", z.B. § 22 Abs. 2 GaststättenG). Diese Normen erfüllen regelmäßig nicht die engen Voraussetzungen des Art. 13 Abs. 2 oder 7 GG. Nach der Rspr. des BVerfG genießen Büro- und Geschäftsräume aber während der normalen Öffnungszeiten nicht die gleiche Schutzbedürftigkeit wie Privatwohnungen, sodass ein Eingriff gerechtfertigt ist, wenn

- eine besondere Rechtsnorm zum Betreten berechtigt,
- das Gesetz, welches zum Betreten ermächtigt formell verfassungsgemäß ist,
- das Gesetz Zweck, Umfang und Gegenstand des Betretens deutlich erkennen lässt und
- das Betreten zu den üblichen Geschäftszeiten erfolgt.

2. Schranken-Schranken

An dieser Stelle ist zu prüfen, ob der Eingriff durch das Gesetz bzw. den Einzelakt eine verfassungsgemäße Konkretisierung der jeweiligen Schranke ist (vgl. dazu oben 3. Teil, S. 28). Dabei ist insbesondere zu überprüfen, ob der Eingriff verhältnismäßig ist.

Art. 13 GG

I. **Schutzbereich:** Wohnung, auch Betriebs- und Geschäftsräume

II. **Eingriffe** als

- Durchsuchungen, Art. 13 Abs. 2 GG
- Lauschangriffe, Art. 13 Abs. 3–5 GG
- Sonstige Eingriffe, Art. 13 Abs. 7 GG
- Betreten/Besichtigen von Betriebs-/Geschäftsräumen

III. **Schranken**

- Durchsuchungen = qualifizierter Gesetzesvorbehalt, Art. 13 Abs. 2 GG
- Lauschangriff = qualifizierter Gesetzesvorbehalt, Art. 13 Abs. 3–5 GG
- Sonstige Eingriffe = verfassungsunmittelbare Schranke (Art. 13 Abs. 7 Hs. 1 GG) und qualifizierter Gesetzesvorbehalt (Art. 13 Abs. 7 Hs. 2 GG)
- Betriebs-/Geschäftsräume = ungeschriebene Schranke

Check: Art. 13 GG

1. Warum steht das Wohnungsgrundrecht in engem Zusammenhang zum allgemeinen Persönlichkeitsrecht?

1. Art. 13 GG soll die Privatsphäre (APR) in räumlicher Hinsicht schützen.

2. Wie wird der Begriff „Wohnung" definiert?

2. Wohnung ist ein Raum, den der Einzelne der allgemeinen Zugänglichkeit entzieht und zum Ort seines Lebens und Wirkens bestimmt.

3. Fallen auch Betriebs- und Geschäftsräume in den Schutzbereich des Art. 13 GG?

3. Diese Frage ist umstritten. Nach der Rspr. des BVerfG ist das aber einschränkungslos zu bejahen.

4. Was ist eine Durchsuchung i.S.d. Art. 13 Abs. 2 GG?

4. Durchsuchung meint das zielgerichtete Suchen nach einer bestimmten Person oder Sache.

5. Welche Schranken sind in Art. 13 Abs. 7 GG für sonstige Eingriffe kombiniert?

5. Eine verfassungsunmittelbare Schranke (1. Halbsatz) und ein qualifizierter Gesetzesvorbehalt (2. Halbsatz).

6. Welches Problem ergibt sich, wenn die Betriebs- und Geschäftsräume in den Schutzbereich mit einbezogen werden?

6. Die Schranken des Art. 13 Abs. 2–7 GG passen nicht zu den Betriebs- und Geschäftsräumen. Aus diesem Grunde hat das BVerfG eine ungeschriebene Schranke des Art. 13 GG für Betriebs- und Geschäftsräume entwickelt.

7. Welche Voraussetzungen hat die ungeschriebene Schranke?

7. Notwendig ist eine besondere gesetzliche Ermächtigungsgrundlage, die formell verfassungsgemäß ist, den Zweck und den Umfang des Betretens genau bestimmt und ein Betreten nur während der üblichen Betriebs- und Geschäftszeiten zulässt.

K. Eigentum, Art. 14 GG

I. Schutzbereich des Art. 14 GG

Was durch Art. 14 GG geschützt wird, steht in Art. 14 Abs. 1 S. 1 GG: „Das Eigentum und das Erbrecht werden gewährleistet."

Grundrechtsträger

Die Grundrechtsträgerschaft (persönlicher Schutzbereich) ist nicht beschränkt. Für inländische juristische Personen gilt Art. 19 Abs. 3 GG: Art. 14 GG ist „seinem Wesen nach" auf juristische Personen grundsätzlich anwendbar. **Juristische Personen des öffentlichen Rechts** scheiden dagegen nach Auffassung des BVerfG als Grundrechtsträger grundsätzlich aus, obwohl sie zivilrechtlich Eigentümer sein können.

Beispiel: Eine Gemeinde, deren Grundstück für Zwecke des Straßenbaus enteignet werden soll, kann sich nach Auffassung des BVerfG nicht auf Art. 14 GG berufen (anders z.B. der BayVerfGH zum Eigentumsschutz nach der Bayerischen Verfassung).

Gewährleistungen des Art. 14 Abs. 1 S. 1 GG

Klausurrelevant ist vor allem die Bestimmung des sachlichen Schutzbereichs, die durch die **Leitbegriffe Eigentum und Erbrecht** geprägt ist:

1. Eigentum

Eigentum i.S.d. Art. 14 GG ist die Summe der **vom Gesetzgeber** zu einem bestimmten Zeitpunkt gewährten **vermögenswerten Rechte**, die dem Einzelnen im Sinne eines Ausschließlichkeitsrechtes zugeordnet sind.

Merke: Maßgeblich für den Begriff des Eigentums ist damit immer das einfache Gesetz. Dies ist für die Grundrechte untypisch. Normalerweise kann der einfache Gesetzgeber gerade nicht den Schutzbereich des Grundrechts bestimmen, da das Grundrecht höherrangig ist (vgl. dazu oben I., I. 1. zur Berufsfreiheit, wo aus diesem Grunde nach h.M. die Erlaubtheit keine Rolle für die Definition Beruf spielt).

Beispiel: A stiehlt dem B sein Auto und „veräußert" das Auto an C. Als die Polizei von C die Herausgabe verlangt, beruft sich C auf Art. 14 GG. Hier macht der Gesetzgeber in § 935 BGB deutlich, dass ein gutgläubiger Erwerb bei gestohlenen Sachen nicht möglich ist. C ist daher nicht in seinem Grundrecht aus Art. 14 GG betroffen.

Unter vermögenswerte Rechte fällt zunächst das Eigentum an einer

- **Sache** (bewegliche Sache oder Grundstück).

Das ist das Eigentum im Sinne des BGB. Der Eigentumsbegriff des Art. 14 GG ist jedoch weiter als der des BGB.

Eigentum i.S.d. Art. 14 GG

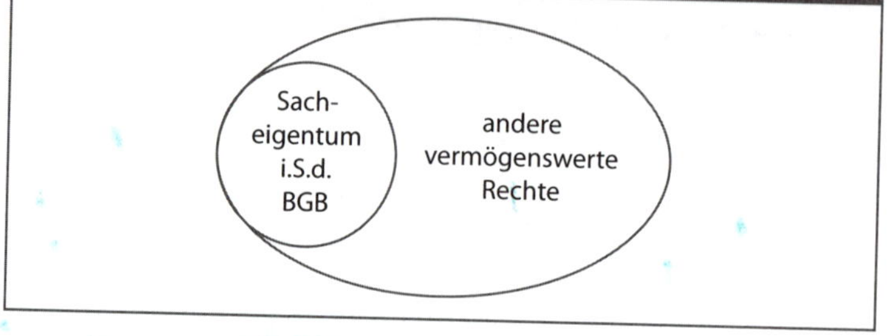

Sonstige, vom Eigentumsschutz des Art. 14 GG mitumfasste Rechtspositionen

Eigentum im verfassungsrechtlichen Sinn umfasst auch andere vermögenswerte Rechte:

- **Forderungen** des Privatrechts,
- **Besitzrecht**,

(Hier kann die Subsumtion deutlich werden: Das Besitzrecht wird vom Gesetzgeber in den §§ 854 ff. BGB gewährt, und zwar im Sinne eines Ausschließlichkeitsrechts, da der Besitzer Angriffe abwehren kann, z.B. Ansprüche bei Besitzentziehung, §§ 861, 858 BGB. Der Besitz kann z.B. verpfändet werden, sodass ein Vermögenswert gegeben ist.)

- Urheber-, Marken- oder Patentrechte,
- das **„Recht am eingerichteten und ausgeübten Gewerbebetrieb"**.

  Das BVerfG ist hier allerdings zurückhaltend in der Anerkennung. Der aus dem Zivilrecht stammende Begriff betrifft verfassungsrechtlich eingeordnet sowohl den Schutzbereich der Eigentumsfreiheit (Art. 14 Abs. 1 GG) als auch den der Berufsfreiheit (Art. 12 Abs. 1 GG). Zur Schutzbereichsbegrenzung von Art. 14 GG merken Sie sich bitte bei dieser Gelegenheit den wichtigen Satz:

Merksatz zu Art. 14 GG

Art. 14 GG ist auf Bestandsschutz ausgerichtet. Er schützt deshalb das Erworbene, nicht den Erwerb.

Das BVerfG bejaht in Bezug auf das Recht am eingerichteten und ausgeübten Gewerbebetrieb eigentumsrechtlichen Schutz für den Bestand einzelner Rechte und Güter des Unternehmens. **Allgemeine Gegebenheiten und Chancen**, innerhalb derer der Unternehmer sich entfaltet, sind vom Schutzbereich dagegen **nicht erfasst**. Eine abschließende Stellungnahme steht insoweit noch aus.

- **Öffentlich-rechtliche Vermögenspositionen** fallen nur dann unter Art. 14 GG, wenn sie der **Sicherung der Existenz** dienen und **Äquivalent einer nicht unerheblichen Eigenleistung** sind.

  Beispiele: Rentenanwartschaft und andere Leistungen der Sozialversicherungsträger.

  Nicht von Art. 14 GG geschützt werden solche öffentlich-rechtlichen Vermögenspositionen, die vorwiegend auf einseitiger Gewährung des Staates in Erfüllung seiner Fürsorgepflicht beruhen.

  Beispiele: Sozialhilfe, Kindergeld, Leistungen nach dem BAföG.

Ausnahmsweise werden öffentlich-rechtliche Vermögenspositionen erfasst

Beispiel: T betreibt eine Tankstelle an einer vielbefahrenen Ortsdurchfahrt. Als eine Umgehungsstraße gebaut wird, erleidet er erhebliche Einnahmeeinbußen. Ist der Schutzbereich des Art. 14 GG eröffnet?

Hier könnte das Recht am eingerichteten und ausgeübten Gewerbebetrieb betroffen sein. Art. 14 GG erfasst aber **nicht** die **allgemeinen Gegebenheiten und Chancen**, innerhalb derer der Unternehmer seine Tätigkeit entfaltet, auch wenn sie für das Unternehmen von erheblicher Bedeutung sind. Der Schutzbereich des Art. 14 GG ist daher nicht eröffnet.

2. Erbrecht

Des Weiteren wird von Art. 14 GG das Erbrecht gewährleistet. Die besondere Erwähnung neben der Eigentumsgarantie ist **traditionell bedingt**. Es gelten grundsätzlich die gleichen Regeln wie für die Eigentumsgarantie.

Erbrecht gegenüber dem Eigentum unnötig rechtlich verselbstständigt geschützt

Im Folgenden behandeln wir aus diesem Grunde nur die Eigentumsgarantie.

II. Eingriffe in den Schutzbereich

Es gibt grundsätzlich zwei Arten von Eingriffen in die Eigentumsfreiheit, die voneinander abzugrenzen sind: **Inhalts- und Schrankenbestimmungen** (Art. 14 Abs. 1 S. 2 GG, im Folgenden abgekürzt: ISB) und **Enteignung** (Art. 14 Abs. 3 GG).

Unterschiede hinsichtlich des Eingriffs

Hinweis: *Die Abgrenzung hat große Bedeutung für die verfassungsrechtliche Rechtfertigung, da je nach Art des Eingriffs unterschiedliche Anforderungen gestellt werden. Man könnte daher auch zunächst die Art des Eingriffs dahinstehen lassen und die Abgrenzung erst bei der Prüfung der verfassungsrechtlichen Rechtfertigung vornehmen.*

Bedeutung der Unterscheidung

!

Sinnvoller erscheint es aber, wenn Sie ohnehin untersuchen müssen, ob überhaupt ein Eingriff vorliegt, gleich mitzuprüfen, welche Art des Eingriffs vorliegt. Ähnlich wie bei der Berufsfreiheit hat sich damit hier aus Praktikabilitätserwägungen eine gewisse Unsauberkeit (unzulässige Vorwegprüfung) in den Prüfungsaufbau eingeschlichen. Sie können dem Aufbau in diesem Fall trotzdem beruhigt folgen. Der Aufbau ist allgemein anerkannt. Halten Sie sich aber bitte im Übrigen streng an den Grundsatz, keine unzulässige Vorwegprüfung!

Prüfungsstandort in der Klausur

Abgrenzung: ISB – Enteignung

Für die Abgrenzungsfrage gibt es eine Entscheidung des BVerfG aus dem Jahre 1981, die das Grundrecht des Art. 14 GG entscheidend geprägt hat (ähnlich wie das Apothekenurteil den Art. 12 GG).

Die Intensität des Eingriffs als Abgrenzungskriterium

Früher war die Abgrenzung von der **Intensität des Eingriffs** abhängig: Je intensiver die Beeinträchtigung des Eigentums (i.S.d. Art. 14 GG!), desto eher wurde ein „Sonderopfer" (so der BGH) bzw. eine „schwere Betroffenheit" (so das BVerwG) und damit eine Enteignung bejaht.

!

Hinweis: *Diese Abgrenzungstheorien nach der Intensität wurden als „Schwellentheorien" bezeichnet, da eine Enteignung vorlag, wenn eine bestimmte „Schwelle" der Eingriffsintensität überschritten wurde.*

Nassauskiesungsbeschluss des BVerfG

Durch den sogenannten Nassauskiesungsbeschluss im Jahre 1981 (BVerfGE 58, 300 ff.) stellte das BVerfG klar, was es unter ISB und was es unter Enteignung versteht. Im Gegensatz zur früheren Prüfung der Intensität des Eingriffs und der Frage eines „Sonderopfers" nimmt das BVerfG nunmehr eine **rein formale Betrachtung** vor. ISB und Enteignung sind voneinander zu trennen und können nicht umschlagen (sogenannte Trennungstheorie).

Definition: Enteignung

Enteignung ist danach jede final (zielgerichtete) konkret (auf den Einzelfall bezogene) individuelle (auf den Einzelnen bezogene) Entziehung eigentumskräftiger Rechtspositionen zur Inanspruchnahme für öffentliche Zwecke. Kennzeichnend für die Enteignung sind die Merkmale:

final – konkret – individuell.

Definition: ISB

Eine **ISB** kann man dagegen kurz als abstrakte und generelle Eigentumsdefinition bezeichnen. Kennzeichnend sind hier also die Merkmale:

abstrakt – generell.

Abgrenzung Enteignung – ISB

Enteignung		**ISB**
Entziehung vermögenswerter Rechte und zwar:		Definition der künftigen Eigentumsordnung und zwar:
■ final = zielgerichtet **und**		
■ konkret = auf den Einzelfall bezogen **und**	⟷	■ abstrakt = für eine Vielzahl von Fällen **und**
■ individuell = den Einzelnen betreffend	⟷	■ generell = allgemeingültig

Die Unterscheidung fällt danach scheinbar leicht. Trotzdem ist eine Abgrenzung nach den Merkmalen konkret-individuell und abstrakt-generell kaum möglich!

Abgrenzungsprobleme trotz formaler Betrachtung

Warum ist das so?

Auch vom Gesetzgeber generell gemeinte Verkürzungen des Eigentumsinhalts konkretisieren sich im Einzelfall.

Konkretisierung der Eigentumsordnung

Beispiel: Das Bauplanungsrecht ist unstreitig eine ISB in Bezug auf Grundstückseigentum. Es verbietet beispielsweise grundsätzlich das Bauen im Außenbereich. Natürlich sind die Bestimmungen des BauGB (hier des § 35 BauGB) auch abstrakt-generell. Was aber passiert, wenn entgegen diesem Verbot doch jemand baut? – Er wird mit einer **Beseitigungsanordnung** zu rechnen haben. Mit Hilfe dieses Verwaltungsaktes wird also die (abstrakt-generelle) Eigentumsordnung im **konkreten** Einzelfall **individuell** gegenüber dem Störer durchgesetzt.

Solche Konkretisierungen der Eigentumsordnung sind mit der ISB, die sie ja nur umsetzen, auch **nach Art. 14 Abs. 1 S. 2 GG auf ihre Rechtfertigung zu prüfen.**

Umgekehrt ergibt sich für die Enteignung schon aus dem Wortlaut des Art. 14 Abs. 3 GG, dass „aufgrund eines Gesetzes" enteignet werden kann. In Klausur und Praxis machen diese Fälle der **Administrativenteignung** 99% der Enteignungsfälle aus, die sogenannte **Legalenteignung** „durch Gesetz" hat daneben kaum praktische Bedeutung. Die Enteignung erfolgt bei der Administrativenteignung durch Verwaltungsakt, also konkret-individuell. Die dafür erforderliche Rechtsgrundlage ist aber stets ein „normales" Gesetz, also eine abstrakt-generelle Regelung.

Rechtsgrundlagen für Administrativenteignungen

Die **Rechtmäßigkeitsprüfung** der Enteignung selbst sowie deren (generell-abstrakte) **Rechtsgrundlage richtet sich nach Art. 14 Abs. 3 GG.**

! Wichtig !

Abzustellen ist daher auf die **Intention des Gesetzgebers**, ob also dem Sinn des Gesetzes nach die Eigentumsordnung (um)definiert werden sollte oder ob unter Wahrung der Eigentumsordnung das Gesetz lediglich den gelegentlichen Zugriff des Staates, eine Enteignung im Einzelfall, ermöglichen sollte.

!

Entscheidend für die Abgrenzung ISB – Enteignung: Intention des Gesetzgebers

Wir werden das ein erstes Mal anhand eines kurzen Beispiels üben:

Eine Straße soll gebaut werden. Naturschützer N ist Eigentümer eines Grundstücks, über das die Straße verlaufen soll. N ist vehementer Gegner des Projekts und unter gar keinen Umständen bereit,

Entzug eines Grundstücks zu Zwecken des Straßenbaus

das Grundstück zu verkaufen. Wenn die öffentliche Hand dem N das Eigentum am Grundstück trotzdem entziehen will (was unter bestimmten Voraussetzungen möglich ist, s.u.), um was für eine Art von Eingriff in das Eigentum handelt es sich dann?

Entscheidend ist die **Intention des Gesetzgebers**, der die Inanspruchnahme der Grundstücke für den Straßenbau geregelt hat. Es liegt dabei hier auf der Hand, dass der Gesetzgeber nicht wegen des Straßenbaus das Eigentum an Grundstücken generell beschneiden will, denn es ist ihm zumindest mit Blick auf den Straßenbau grundsätzlich egal, was der Bürger mit seinem Grundstück macht. Der Gesetzgeber will sich vielmehr unter prinzipieller Wahrung der bestehenden Eigentumsordnung die Möglichkeit des gelegentlichen Zugriffs schaffen, um sich hinsichtlich der Grundstücke, die er für den Straßenbau braucht, im Einzelfall über die bestehende Eigentumsordnung hinwegsetzen zu können. Anders ausgedrückt geht es dem Gesetzgeber nicht abstrakt-generell um die Festlegung von Rechten/Pflichten für Grundstückseigentümer, vielmehr will der Gesetzgeber für einen konkreten Straßenbau die Entziehung **ganz genau bestimmter Grundstücke** ermöglichen. N könnte nicht sagen: Nehmt euch ein anderes Grundstück! Mithin handelt es sich um eine Enteignung.

Ein weiteres Beispiel: Bauherr B will in einem Villenviertel am Stadtrand ein zehnstöckiges Hochhaus bauen. Daran ist er allerdings durch bauplanungsrechtliche Vorschriften gehindert. Sind diese Vorschriften eine ISB oder Rechtsgrundlage für eine Enteignung?

Entscheidend ist, wie gesagt, die **Intention des Gesetzgebers**. Das Bauplanungsrecht dient der städtebaulichen Ordnung. Es ist dem Staat gerade nicht prinzipiell egal, wie die Bürger ihre Grundstücke nutzen, deswegen legt er abstrakt-generell Rechte und Pflichten der Grundstückseigentümer fest. Die bauplanungsrechtlichen Vorschriften sind daher ISB.

!

Hinweis: *Art. 14 GG und das Recht der Enteignung sind so ziemlich das Schwierigste, was Sie zum Verfassungsrecht zu lernen haben. Haben Sie ein wenig Geduld mit sich.*
Eine Ergänzung wollen wir Ihnen aber noch an die Hand geben. Alle Akte, die nicht zielgerichtet konkret-individuell ins Eigentum eingreifen und auch nicht Rechtsgrundlage für solche Eingriffe sind, sind Eingriffe in die bestehende Eigentumsordnung, deren Rechtfertigung sich nach Art. 14 Abs. 1 S. 2 GG richtet. Neben den bereits erwähnten ***Anwendungs- und Vollzugsakten*** *von ISB ist hier vor allem an* ***Realakte*** *zu denken.*

Beispiel: Durch einen Vermessungsfehler wird unbeabsichtigt (nicht final) beim Straßenbau in das Eigentum eines Bürgers eingegriffen, indem entlang seines Grundstückes ein Meter Grundstück verbaut wird. Zu prüfen ist eine Rechtfertigung des Eingriffs nach Art. 14 Abs. 1 S. 2 GG.

III. Verfassungsrechtliche Rechtfertigung

Sie wissen bereits, dass Art. 14 GG je nach Art des Eingriffs – den Sie bereits oben untersucht haben – unterschiedliche Voraussetzungen aufstellt. Denn deswegen mussten wir ja die Abgrenzung vornehmen. Befassen wir uns nun mit den beiden Rechtfertigungsmöglichkeiten:

1. Rechtfertigung nach Art. 14 Abs. 1 S. 2 GG

ISB nur „durch" Gesetze (im materiellen Sinne)

Eine ISB kann **„durch Gesetz"** erfolgen. Gemeint ist insoweit nach Auffassung des BVerfG „Gesetz im materiellen Sinne". Auch Satzungen oder Verordnungen kommen danach als Eigentumsbestimmung in Betracht.

!

Anmerkung: *Dass diese dann nach dem allgemeinen Gesetzesvorbehalt selbstverständlich ihrerseits einer gesetzlichen Grundlage bedürfen, die an Art. 14 Abs. 1 S. 2 GG zu messen ist, steht auf einem anderen Blatt.*

Prüfung auf der Normebene

Das Gesetz, das Inhalt und Schranken des Eigentums bestimmt, muss – wie immer – formell und materiell verfassungsmäßig sein. Beachten Sie die **Ausführungen zur „Technik der Grundrechtsprüfung"**. Bei der Prüfung der Verhältnismäßigkeit müssen Sie jedoch Besonderheiten beachten:

a) Lesen Sie Art. 14 Abs. 2 GG!

Verhältnismäßigkeit i.e.S. und der Grundsatz der Sozialpflichtigkeit

Dieser **Grundsatz der Sozialpflichtigkeit** des Eigentums modifiziert als Ausprägung des Sozialstaatsprinzips die Prüfung der Verhältnismäßigkeit i.e.S. Unter Umständen sind wesentlich weitergehende Eingriffe in die Freiheit des Einzelnen erlaubt, wenn es die Interessen der Allgemeinheit erfordern.

Beispiel: Das Mitbestimmungsgesetz gewährt den Arbeitnehmern umfangreiche Mitbestimmungsrechte in bestimmten Großunternehmen und schränkt die Unternehmer in ihrer Eigentumsfreiheit massiv ein. Da das Unternehmereigentum aber einen besonderen sozialen Bezug hat, ist diese Einschränkung nach Ansicht des BVerfG verhältnismäßig.

b) Ausgleichspflichtige ISB

Verhältnismäßigkeit i.e.S. und Ausgleichsmöglichkeit

Als weitere Besonderheit der Verhältnismäßigkeitsprüfung ist die sogenannte **ausgleichspflichtige Inhalts- und Schrankenbestimmung** zu nennen.
Normalerweise ist eine ISB entschädigungslos hinzunehmen, während bei einer Enteignung eine Entschädigung gewährt werden muss (vgl. Art. 14 Abs. 1, Abs. 2 GG in Abgrenzung zu Art. 14 Abs. 3

GG). Es sind aber Fälle denkbar, in denen eine ISB den Verpflichteten so hart trifft, dass sie allenfalls bei Gewährung eines Ausgleichs verhältnismäßig erscheint.

Klassisches Beispiel: Pflichtexemplar

Entzug eines Pflichtexemplars pro Auflage auch bei teuren Büchern in geringer Auflage

Ein Landesgesetz verpflichtet Verleger dazu, von jedem hergestellten Druckwerk ein „Pflichtexemplar" an bestimmte Bibliotheken abzuliefern. Verleger K gibt in geringer Auflage (ca. 100 Stück) hochwertige Bücher zu hohen Preisen (125–375 €) heraus. Das BVerfG ging von einer ISB aus, da das Gesetz so angelegt war, dass es nicht konkret auf den Entzug einzelner Bücher zielte, sondern prinzipiell jede neue Auflage eines Buches mit der Abgabe eines Exemplars belastete. Ist die ISB verhältnismäßig?

Der Gesetzgeber verfolgt mit der Pflichtexemplar-Regelung das Ziel, der Nachwelt einen Überblick über das geistige Schaffen früherer Epochen zu verschaffen. Die Regelung erscheint geeignet und erforderlich, dieses Ziel zu erreichen. Bei Abwägung des Eigentumsrechts des Einzelnen und der Allgemeininteressen (wegen der Sozialbindung des Eigentums gemäß Art. 14 Abs. 2 GG) erscheint die ISB **in Bezug auf „Massenverleger"**, die viel billiger als K produzieren können, auch **angemessen**. Diese können es „verschmerzen", einige Bücher an Bibliotheken abzugeben.

Die ISB ist aber **unverhältnismäßig (i.e.S.)**, soweit sie ohne finanziellen Ausgleich solche Verleger wie K belastet, die nur in **geringer Auflage**, aber mit **hohen Kosten** produzieren.

Gegebenenfalls könnte aber eine **Entschädigung** die Regelung verhältnismäßig machen. Da das BVerfG die Entschädigung nicht „einfach so" gewähren kann, ohne in die Finanzhoheit des Gesetzgebers einzugreifen, hat es die Regelung – insoweit sie „Kleinverleger" wie K belastet – für unvereinbar mit dem Grundgesetz erklärt und den Gesetzgeber zur Neuentscheidung aufgefordert.

Nunmehr sehen verschiedene Landesgesetze die Gewährung einer Entschädigung für Pflichtexemplare vor, aber erst ab einem bestimmten Wert des Druckwerks. Denn für Verleger, die in hoher Auflagenzahl mit geringeren Kosten produzieren, braucht keine Entschädigung gewährt werden, da insoweit – wie erwähnt – eine verhältnismäßige ISB gegeben ist. Es muss im Rahmen der ausgleichspflichtigen ISB nur den **„Härtefällen"** Rechnung getragen werden.

2. Rechtfertigung nach Art. 14 Abs. 3 GG

Folgende besondere Voraussetzungen gelten für die verfassungsrechtliche Rechtfertigung:

a) Enteignung durch oder aufgrund Gesetzes

Legalenteignung und Administrativenteignung

Eine Enteignung kann **durch Gesetz** oder **aufgrund eines Gesetzes** erfolgen. Die formellen Wirksamkeitsvoraussetzungen müssen selbstverständlich – wie immer! – vorliegen.

Die Enteignung durch Gesetz nennt man **Legalenteignung**. In diesem – seltenen – Fall entzieht das Gesetz selbst einem bestimmten oder bestimmbaren Personenkreis konkrete Eigentumsrechte zu irgendeinem Zweck.

Normalfall: Administrativenteignung

Die Enteignung aufgrund eines Gesetzes (also Enteignung durch die Verwaltung) nennt man **Administrativenteignung** (lateinisch: administrare = verwalten). In diesem – häufigeren – Fall der Enteignung wird die Verwaltung durch ein Gesetz ermächtigt, Eigentumsrechte zu entziehen.

Beispiel: § 19 des Bundesfernstraßengesetzes gewährt den Trägern der Straßenbaulast zum Bau von Fernstraßen das Enteignungsrecht.

Bei der Administrativenteignung kann der Bürger gegen den Verwaltungsakt, der die Enteignung anordnet, den Verwaltungsrechtsweg „normal" beschreiten (und nach Erschöpfung des Rechtswegs Verfassungsbeschwerde erheben). Bei einem Gesetz, das die Enteignung bestimmt, hat der Bürger dagegen einen geringeren Rechtsschutz, da er „nur" Verfassungsbeschwerde erheben kann. Daher ist die Legalenteignung nur ausnahmsweise zulässig.

b) Besondere Schrankenanforderungen

Besondere Schrankenanforderungen (Prüfung auf der Normebene)

An das **Gesetz** werden aber besondere Anforderungen gestellt **(sogenannte besondere Schrankenanforderungen)**, die vor den allgemeinen Schrankenanforderungen, die nicht nur für ein einzelnes Grundrecht gelten, zu prüfen sind:

Junktimklausel

In dem Gesetz, das die Enteignung entweder (im Fall der Legalenteignung) selbst anordnet oder (im Fall der Administrativenteignung) zur Enteignung ermächtigt, muss gemäß Art. 14 Abs. 3 S. 2 GG auch **Art und Ausmaß einer Entschädigung** geregelt sein. Die Enteignungsanordnung muss also mit der Entschädigungsanordnung verbunden werden. Dementsprechend nennt man Art. 14 Abs. 3 S. 2 GG auch **Junktimklausel** (lateinisch: iunctim = vereint, beisammen, siehe auch: iungere = verbinden).

Zum Wohle der Allgemeinheit

Die Enteignung ist gemäß Art. 14 Abs. 3 S. 1 GG **nur zum Wohle der Allgemeinheit** zulässig.

Irgendein „einfaches" öffentliches Interesse reicht nicht aus, es muss schon ein schwerwiegendes, dringendes öffentliches Interesse vorliegen. Entscheidend ist dabei nicht die Person des Begünstigten, sondern das mit der Enteignung verfolgte Ziel. Die Enteignung kann auch zugunsten Privater erfolgen, wenn dies z.B. der Verbesserung der regionalen Wirtschaftsstruktur oder der Schaffung von Arbeitsplätzen dient.

c) Verhältnismäßigkeit

Allgemeine Schrankenanforderungen (Prüfung auf der Normebene)

Schließlich muss – wie immer! – der Grundsatz der **Verhältnismäßigkeit** gewahrt sein, und zwar sowohl im Hinblick auf das „Ob", als auch im Hinblick auf das „Wie" der Enteignung.

Beispiel: Die öffentliche Hand benötigt das Grundstück des A für den Bau einer Straße. A ist bereit, das Grundstück zu angemessenen Bedingungen zu verkaufen. Ist eine Enteignung zulässig?

Eine Enteignung ist nicht erforderlich, sie wäre schon bzgl. des „Ob" unverhältnismäßig. Es kann zwischen der öffentlichen Hand und dem Bürger ein ganz normaler privatrechtlicher Kaufvertrag zustande kommen.

Wenn Sie mehr wissen wollen:
AS-Skript Grundrechte (2015), Rn. 511 ff. (zum Eigentum und Erbrecht)
Klausurtraining:
AS-FallSkript Grundrechte/Staatsorganisationsrecht (2016), Fälle 17, 18, 20

Check: Art. 14 GG

1. Was ist Eigentum i.S.d. Art. 14 GG?

1. Der Eigentumsbegriff i.S.d. Art. 14 GG ist weiter gefasst als der Eigentumsbegriff des BGB. Gemeint ist jede vermögenswerte Position, die dem Einzelnen vom Gesetzgeber zu einem bestimmten Zeitpunkt im Sinne eines Ausschließlichkeitsrechts gewährt wird.

2. Wer bestimmt, was Eigentum ist?

2. Gemäß Art. 14 Abs. 1 S. 2 GG wird der Inhalt des Eigentums vom Gesetzgeber bestimmt. Dies ist insofern ungewöhnlich, als dass normalerweise grade nicht der einfache Gesetzgeber den Schutzbereich bestimmen kann. Da das „Eigentum" aber ein reiner Rechtsbegriff und nichts Natürliches ist (Eigentum ist Definitionssache), lässt Art. 14 Abs. 1 S. 2 GG dies ausnahmsweise zu.

3. Fallen auch öffentlich-rechtliche Vermögenspositionen unter den geschützten Eigentumsbegriff?

3. Nur dann, wenn sie ein Äquivalent einer eigenen Gegenleistung darstellen, und nicht, wenn sie vorwiegend auf staatlicher Leistung beruhen.

4. Welche Arten von Eingriffen werden unterschieden?

4. Inhalts- und Schrankenbestimmungen (Art. 14 Abs. 1 S. 2, Abs. 2 GG) und Enteignungen (Art. 14 Abs. 3 GG).

5. Wofür ist die Unterscheidung wichtig?

5. Die Rechtfertigung von Eingriffen setzt Unterschiedliches voraus. Während eine ISB nach den normalen Vorgaben gerechtfertigt werden kann, muss bei einer Enteignung zusätzlich geprüft werden, ob sie zum Wohle der Allgemeinheit vorgenommen wird und ob eine Entschädigungsregelung vorhanden ist („Junktimklausel").

6. Wie werden ISB und Enteignung gegeneinander abgegrenzt?

6. Nach der „Trennungstheorie" sind ISB und Enteignung formal voneinander zu trennen und können (je nach Intensität des Eingriffs) nicht ineinander übergehen.
Maßgeblich ist nach der Intention des Gesetzgebers, ob er final (zielgerichtete) und konkret (auf den Einzelfall bezogen) eine individuelle (auf den Einzelnen bezogene) eigentumskräftige Rechtsposition zur Inanspruchnahme für öffentliche Zwecke entzieht (Enteignung), oder ob der Gesetzgeber abstrakt und generell das Eigentum definiert (ISB).

7. Gibt es auch eine ISB, bei der eine Entschädigung zu zahlen ist?

7. Ja, die sogenannte ausgleichspflichtige ISB. Ausnahmsweise kann eine ISB aus Gründen der Verhältnismäßigkeit erfordern, dass eine Entschädigung gezahlt wird, da ansonsten der Eingriff nicht angemessen wäre. Dies kann insbesondere dann der Fall sein, wenn Einzelne durch die gesetzliche Regelung besonders hart betroffen sind.

2. Abschnitt: Gleichheitsrechte

Die Prüfung der Gleichheitsrechte unterscheidet sich wesentlich von der Prüfung der Freiheitsrechte.

Ähnlich wie es spezielle Freiheitsrechte und das allgemeine Freiheitsrecht gibt (die allgemeine Handlungsfreiheit gemäß Art. 2 Abs. 1 GG), existieren im Grundgesetz allerdings auch **spezielle Gleichheitssätze** und der **allgemeine Gleichheitssatz**, den Sie in Art. 3 Abs. 1 GG finden.

Und auch hier ist es dann nicht anders als bei den Freiheitsrechten: Wenn die Verletzung von Gleichheitsgrundrechten in Betracht kommt, müssen Sie ebenfalls prüfen, ob nicht ein **besonderer Gleichheitssatz vorrangig** zu prüfen ist, bevor Sie den allgemeinen Gleichheitssatz anwenden.

A. Technik der Grundrechtsprüfung

Aufbauschema zu Gleichheitsgrundrechten

A. Besondere Gleichheitssätze, z.B. Art. 3 Abs. 3 GG
- **I.** Ungleichbehandlung der normierten Sachverhalte (z.B. wegen des Geschlechts)
- **II.** Sachliche Rechtfertigung
  - **1.** Zulässiges Differenzierungsziel
  - **2.** Zulässiges Differenzierungskriterium
  - **3.** Grundsatz der Verhältnismäßigkeit
    - **a)** Geeignetheit
    - **b)** Erforderlichkeit
    - **c)** Angemessenheit

B. Allgemeiner Gleichheitssatz, Art. 3 Abs. 1 GG
- **I.** Ungleichbehandlung von wesentlich gleichen Sachverhalten
  - **1.** Vergleichspaarbildung
  - **2.** Ungleichbehandlung
- **II. Sachliche Rechtfertigung**
  - **1.** Sachlicher Grund vorhanden („Willkür-Formel“)
  - **2.** wenn ja: Neue Formel?
    - **a)** zulässiges Differenzierungsziel?
    - **b)** zulässiges Differenzierungskriterium?
    - **c)** Verhältnismäßigkeit

Anmerkung: *Wann die Rechtfertigung nach der „Neuen Formel“ und wann nach der „Willkür-Formel“ geprüft wird, ist umstritten. Allgemein wird aber in Klausuren im allgemeinen Gleichheitssatz eher nach der „Willkür-Formel“ und in besonderen Gleichheitssätzen eher nach der „Neuen Formel“ geprüft.*

Die Prüfung von Gleichheitsgrundrechten wird anders vorgenommen als die Prüfung der Freiheitsrechte. Wir wollen auch hier die Arbeitstechnik der Prüfung der Verletzung von Gleichheitsgrundrechten allgemein darstellen, und zwar im Folgenden anhand des allgemeinen Gleichheitssatzes gemäß Art. 3 Abs. 1 GG.

Die Verletzung eines Gleichheitsgrundrechtes erfolgt nicht in drei, sondern in zwei Stufen.

I. Ungleichbehandlung

Nach Art. 3 Abs. 1 GG sind alle Menschen vor dem Gesetz gleich. Rechtlich ist jedoch nicht jede Ungleichbehandlung relevant. Vielmehr dürfen nur wirklich vergleichbare Personen oder Sachverhalte nicht ungleich behandelt werden. Man spricht insoweit von dem **„wesentlich Gleichen"**. Aus diesem Grunde erfolgt die Prüfung der Ungleichbehandlung in zwei Schritten:

1. Vergleichspaar bilden

Zunächst ist ein Vergleichspaar zu bilden, um überhaupt herauszufinden, ob eine wesentliche Gleichheit gegeben ist.

Beispiel: Nachdem erneut ein „Kampfhund" Kinder angefallen hat, überschlagen sich die Aktivitäten der Landesgesetzgeber. Im Land A soll das Halten von Kampfhunden künftig grundsätzlich verboten werden. Im Land B dagegen glaubt man, auch mit einer Maulkorbpflicht dem Problem beikommen zu können. Hundezüchter Z aus dem Land A sieht durch das Verbot, Kampfhunde zu halten, seine Existenz gefährdet und verweist auf Ungleichbehandlung im Verhältnis zu den Hundezüchtern des Bundeslandes B. Zu Recht?

Entscheidend ist, ob hier von „wesentlich gleichen" Sachverhalten gesprochen werden kann. Das ist aber immer schon dann nicht der Fall, wenn die Ungleichbehandlung nicht durch dieselbe Rechtssetzungsgewalt erfolgt ist.

! ***Merken Sie sich also für die Klausur:** Ungleichbehandlung durch unterschiedliche Kompetenzträger (Land A/Land B, Bund/Land, EG/Bund, Gemeinde A/Gemeinde B, Universität A/Universität B) sind nicht vergleichbar. Eine unzulässige Ungleichbehandlung kommt nicht in Betracht.*

Bleibt die Frage:

Wann liegt eine rechtliche Ungleichbehandlung vergleichbarer Sachverhalte durch einen bestimmten Kompetenzträger vor?

Ermittlung der Vergleichbarkeit

Vergleichbarkeit setzt einen **gemeinsamen Bezugspunkt** voraus, den es zu finden gilt. Der Bezugspunkt ist dabei der **gemeinsame Oberbegriff**, unter den die unterschiedlich behandelten Personen oder Sachverhalte gefasst werden können. Der gemeinsame Oberbegriff muss zumindest so eng bestimmt sein, dass weitere Personen oder Sachverhalte damit ausgeschlossen sind. Gewählt werden muss der nächste, am wenigsten übergreifende Oberbegriff, um Inhalt, Ausmaß und den möglichen Grund für die Ungleichbehandlung sichtbar machen zu können.

Beispiele:

a) Für den, der ein Handwerk betreibt, gilt die Handwerksordnung, und für den, der ein Kraftfahrzeug führt, Straßenverkehrsrecht. Suchen Sie einen gemeinsamen Oberbegriff. Sie werden keinen finden, der sinnvoll zu anderen Personengruppen abgrenzt.

b) Mietwagenverkehr und **Taxenverkehr** werden umsatzsteuerrechtlich unterschiedlich behandelt. Sie fallen unter den gemeinsamen Oberbegriff **„Gelegenheitsverkehr"** (§ 46 Personenbeförderungsgesetz). Ausgeschlossen ist mit dem Begriff „Gelegenheitsverkehr" eine Einbeziehung des Linienverkehrs. Der nächste Oberbegriff **„Personenbeförderungsverkehr"**, der Gelegenheitsverkehr und Linienverkehr umfasst, dürfte im Vergleich Mietwagenverkehr – Taxiverkehr nicht verwendet werden, da ein Grund für eine steuerliche Ungleichbehandlung gegenüber dem Linienverkehr ja vielleicht denkbar wäre, gegenüber anderweitigem Gelegenheitsverkehr dagegen nicht.

c) Wenn nach einer Rechtsnorm **alleinerziehende Mütter** bevorzugt bei der Vergabe von Kindergartenplätzen behandelt werden, sind die (berufstätigen) Eheleute M und F nicht wesentlich gleich. Durch die Norm soll den Alleinerziehenden die Möglichkeit geschaffen werden, die Arbeit und die Kindererziehung nebeneinander bewältigen zu können. Unter den **Oberbegriff** mit dem wesentlichen Bezugspunkt der Norm **„alleinerziehend"** lassen sich die Eheleute nicht erfassen. **Richtiges Vergleichspaar** (und damit wesentlich gleich) wären **der alleinerziehende Vater und die alleinerziehende Mutter**.

2. Ungleichbehandlung feststellen

Nachdem Sie das richtige Vergleichspaar gefunden haben, müssen Sie die Ungleichbehandlung feststellen.

!

Hinweis: *Art. 3 Abs. 1 GG soll auch die „Gleichbehandlung wesentlich ungleicher Sachverhalte" verhindern. Diese Fallgruppe ist jedoch ohne selbstständige Bedeutung, da sich Probleme der Gleichbehandlung stets auch als Probleme der Ungleichbehandlung fassen lassen, wenn man die richtige Vergleichsgruppe wählt.*

II. Verfassungsrechtliche Rechtfertigung der Ungleichbehandlung

Die Rechtfertigung wird insbesondere vom BVerfG auf unterschiedliche Art überprüft.

- Nach der sogenannten **„Willkürformel"** verbietet der Gleichheitssatz (dem Gesetzgeber), wesentlich Gleiches willkürlich ungleich und wesentlich Ungleiches willkürlich gleich zu behandeln. Danach ist eine Ungleichbehandlung sachlich gerechtfertigt, wenn sich **irgendein sachlicher Grund** für die Ungleichbehandlung finden lässt. Eine Verletzung des Art. 3 Abs. 1 GG ist nur dann gegeben, wenn ein solcher Differenzierungsgrund völlig fehlt oder evident unter keinem Gesichtspunkt geeignet ist, eine Ungleichbehandlung zu rechtfertigen. So hat das BVerfG z.B. den unterschiedlichen Kündigungsschutz von Angestellten und Arbeitern nach § 622 BGB a.F. als willkürlich angesehen, da ein sachlicher Grund für eine Ungleichbehandlung überhaupt nicht ersichtlich war.

- Seit einigen Jahren hat das BVerfG die Willkürformel teilweise eingeengt und eine Verletzung des Art. 3 Abs. 1 GG bereits dann angenommen, wenn zwischen den vergleichbaren Sachverhalten oder Personen(-gruppen) „keine Unterschiede von solcher Art und solchem Gewicht bestehen, dass sie die ungleiche Behandlung rechtfertigen könnten" (sogenannte **„neue Formel"**). Ob eine Ungleichbehandlung gerechtfertigt ist, bestimmt sich im Rahmen des Grundsatzes der Verhältnismäßigkeit danach, ob der Zweck der ungleichen Behandlung höher wiegt als das Interesse der ungleich behandelten Personen an einer Gleichbehandlung. Differenzierungsziel und Differenzierungskriterien müssen in einem sachgerechten Verhältnis stehen. Dabei wird dem Gesetzgeber ein ausreichend großzügiger Ermessensspielraum eingeräumt.

- In neueren Entscheidungen hat das BVerfG aber auch die beiden Formeln verbunden. Je mehr das Kriterium der Ungleichbehandlung einem der nach Art. 3 Abs. 3 GG verbotenen Kriterien ähnelt, je weniger der Betroffene die Kriterien der Ungleichbehandlung beeinflussen kann und je mehr sich die Ungleichbehandlung auf den Gebrauch von Freiheitsrechten auswirkt, desto eher ist das BVerfG bereit, den Entscheidungsspielraum zu verengen, indem es von der bloßen Willkürprüfung zu einer zunehmend strengen „Verhältnismäßigkeitsprüfung" übergeht (sogenannte **„vereinheitlichende Gesamtformel"**). Danach differenziert das BVerfG wie folgt:

  - Bei Ungleichbehandlungen von **geringerer Intensität**, die insbesondere dann vorliegen, wenn eine **sachbezogene** Ungleichbehandlung gegeben ist, gilt die „Willkür-Formel", sodass ein Verstoß gegen Art. 3 Abs. 1 GG gegeben ist, wenn ein sachlicher Grund völlig fehlt.

  - Bei Ungleichbehandlungen **größerer Intensität** (z.B. bei **personenbezogenen** Ungleichbehandlungen wegen des Alters) ist die „neue Formel" anzuwenden und im Rahmen der Verhältnismäßigkeit zu prüfen, ob der sachliche Grund für die Ungleichbehandlung höher wiegt als das Interesse an Gleichbehandlung.

! ***Klausurhinweis:*** *Wann welche Formel anzuwenden ist, ist sehr umstritten. Für eine Klausur sollten aber folgende Grundsätze angewendet werden:*

- *Wenn schon* ***erkennbar kein sachlicher Grund*** *für die Ungleichbehandlung vorhanden ist, wäre diese sowohl nach der Willkür-Formel als auch nach der neuen Formel nicht gerechtfertigt. Es kommt also nicht auf die Anwendung einer bestimmten Formel an.*
- *In Klausuren sollten Sie (eher) die „neue Formel" anwenden, wenn entweder ein spezieller Gleichheitssatz geprüft wird oder wenn die Prüfung der Gleichheitsrechte erkennbar den Klausurschwerpunkt bildet.*
- *Gerade in der „Nachprüfung" des allgemeinen Gleichheitsrechts (wenn Sie also bereits verschiedene Freiheitsrechte geprüft haben und letztlich auch noch Art. 3 Abs. 1 GG prüfen), sollte nach der „Willkür-Formel" geprüft werden.*

In Klausuren der Anfangssemester wird die Frage nach der anzuwendenden Formel aber nur sehr selten gestellt!

Beispiel für eine Prüfung nach der „neuen Formel":

Der aufstrebende Kurort, Gemeinde G, erlässt eine Immissionsschutzverordnung, nach der im Gemeindegebiet unterschiedliche Lärmschutzmaßnahmen gelten. Am intensivsten ist der Schutz für den Kernbereich, da sich hier tagsüber das Kurleben primär abspielt und die Beschränkungen für störendes Gewerbe deshalb am ehesten zumutbar erscheinen. Z betreibt ein Hotel am Rande dieses Kernbereiches. Nach Erlass der gemeindlichen ImSchVO findet er aber kaum noch Kurgäste, die bei ihm buchen wollen. Diese zieht es nun in den unmittelbaren Kernbereich der Stadt. Während dort die Bettenzahl intensiv aufgestockt wird, sind die Hoteliers im Randbereich massiv in ihrer Existenz gefährdet. Z behauptet, die in der Verordnung liegende Ungleichbehandlung des Kernbereichs und des daran grenzenden Randbereiches sei nicht gerechtfertigt. Trifft die Auffassung des Z zu?

Ziel der ImSchVO ist es, ein möglichst hohes Maß an Kurruhe zu gewährleisten, ohne dass die Gewerbetreibenden der Stadt unnötig in ihrer Ausübung des Gewerbes gestört werden **(Differenzierungsziel)**. Dazu wird bei den getroffenen Maßnahmen danach unterschieden, wo sich das Kurleben verstärkt abspielt **(Differenzierungskriterium)**. Verfassungsrechtliche Bedenken stehen Differenzierungsziel und Differenzierungskriterien nicht entgegen (verboten wäre beispielweise eine geschlechtsspezifische Diskriminierung, Art. 3 Abs. 3 GG).

Ungleichbehandlung geeignet

Die Ungleichbehandlung ist **geeignet**, dem Differenzierungsziel (Kurruhe/möglichst geringe Belastung der Gewerbetreibenden) Rechnung zu tragen.

Die Gemeinde durfte deshalb die Ungleichbehandlung für **erforderlich** halten. (Hier kommt der Entscheidungs- und Gestaltungsspielraum der Gemeinde erstmals zum Tragen, weshalb regelmäßig die Erforderlichkeit bejaht werden muss.)

Ungleichbehandlung erforderlich

Fraglich ist aber, ob die Ungleichbehandlung mit Blick auf das Ziel auch **angemessen** ist. Angesichts dessen, dass Hoteliers wie Z unausweichlich durch die Verordnung betroffen sind (kein „Hotel auf Rädern", dass in den Kernbereich verschoben werden könnte) und der intensiven Grundrechtsbetroffenheit in Bezug auf Berufsfreiheit und Eigentum (Existenzgefährdung!), wird man trotz des gegebenen sachlichen Grundes (= Differenzierungsziel) von einer unangemessenen Ungleichbehandlung auszugehen haben. Damit verletzt die ImSchVO Art. 3 Abs. 1 GG.

Ungleichbehandlung angemessen

Wenn Sie mehr wissen wollen:
AS-Skript Grundrechte (2015), Rn. 565 ff. (zu den Gleichheitsrechten)
Klausurtipp:
AS-FallSkript Grundrechte/Staatsorganisationsrecht (2016), Fälle 21, 22, 23

B. Überblick über die speziellen Gleichheitsrechte

Den allgemeinen Gleichheitssatz des Art. 3 Abs. 1 GG haben Sie jetzt kennengelernt. Wenn die Verletzung eines Gleichheitsgrundrechts nahe liegt, müssen Sie aber zunächst prüfen, ob nicht ein spezielles Gleichheitsrecht einschlägig ist, bevor Sie Art. 3 Abs. 1 GG anwenden, denn Sie wissen ja: „Das spezielle Gesetz verdrängt das allgemeine!" Insoweit verhält es sich nicht anders als bei Art. 2 Abs. 1 GG, den Sie ja auch nur als „Auffang-Freiheitsgrundrecht" in Betracht ziehen dürfen, wenn kein spezielles Freiheitsgrundrecht einschlägig ist.

Spezielle Gleichheitsgrundrechte innerhalb des Grundrechtskatalogs sind:

Übersicht über die speziellen Gleichheitsgrundrechte

- **Art. 3 Abs. 2 GG:** Gleichberechtigung von Mann und Frau
- **Art. 3 Abs. 3 S. 1 GG:** Verbot der Ungleichbehandlung aufgrund Geschlecht, Abstammung, Rasse, Sprache, Heimat, Herkunft, Glaube, religiöser oder politischer Anschauung
- **Art. 3 Abs. 3 S. 2 GG:** Verbot der Benachteiligung wegen Behinderung
- **Art. 6 Abs. 1 GG** stellt nach Auffassung des BVerfG nicht nur ein Freiheitsrecht dar, es folgert daraus im Sinne eines Gleichheitsrechts das Verbot der Schlechterstellung von Eltern gegenüber Kinderlosen, Verheirateten gegenüber Ledigen, Ehe und Familie gegenüber anderen Lebens- und Erziehungsgemeinschaften.

- **Art. 6 Abs. 5 GG** stellt ein seltenes Beispiel im Grundgesetz dar: er gibt dem Gesetzgeber einen Auftrag. Außerdem verbietet er die Ungleichbehandlung ehelicher Kinder gegenüber „Kindern, deren Eltern nicht miteinander verheiratet sind“ (so die neue Terminologie des Gesetzgebers statt „uneheliche“ oder „nichteheliche“ Kinder).

Des Weiteren finden Sie spezielle Gleichheitsgrundrechte außerhalb des Grundrechtskatalogs (vgl. die Aufzählung der grundrechtsgleichen Rechte in Art. 93 Abs. 1 Nr. 4 a GG!) und zwar in Art. 33 GG und in Art. 38 Abs. 1 S. 1 GG (Allgemeinheit und Gleichheit der Wahl!), die Sie sich neben Art. 3 Abs. 1 S. GG vermerken sollten.

Wenn Sie mehr wissen wollen:
AS-Skript Grundrechte (2015), Rn. 584 ff. (zu den besonderen Gleichheitssätzen)
Klausurtipp:
AS-FallSkript Grundrechte/Staatsorganisationsrecht (2016), Fall 23

Art. 3 Abs. 1 GG

I. Ungleichbehandlung wesentlich gleicher Sachverhalte

1. Vergleichspaar bilden (gemeinsamer Oberbegriff)
2. Ungleichbehandlung feststellen

II. Sachliche Rechtfertigung

1. überhaupt kein sachlicher Grund vorhanden? (Willkür-Formel)
2. Wenn ja: Neue-Formel?
   a) Zulässiges Differenzierungsziel?
   b) Zulässiges Differenzierungskriterium?
   c) Verhältnismäßigkeit?

Check: Gleichheitsrechte

1. Wie wird die Verletzung eines Gleichheitsrechts geprüft?	**1.** Die Prüfung erfolgt in zwei Stufen: Ungleichbehandlung wesentlich gleicher Sachverhalte – Sachliche Rechtfertigung.
2. Wie findet man heraus, ob etwas wesentlich Gleiches gegeben ist?	**2.** Indem man ein Vergleichspaar bildet. Dabei müssen die beiden Teile des Vergleichspaares unter einen gemeinsamen Oberbegriff fallen.
3. Kann Art. 3 GG dadurch verletzt sein, dass verschiedene (Landes-)Gesetzgeber die Bürger ungleich behandeln?	**3.** Nein! Ein wesentlich gleicher Sachverhalt wäre nicht gegeben.
4. Welche Formeln sind bei der Prüfung der sachlichen Rechtfertigung zu unterscheiden?	**5.** Die Willkür-Formel, die neue Formel und die vereinheitlichende Gesamtformel.
5. Erklären Sie die „Neue Formel"!	**5.** Nach der neuen Formel reicht für eine Rechtfertigung einer Ungleichbehandlung nicht irgendein sachlicher Grund aus. Vielmehr muss der sachliche Grund auch verhältnismäßig sein. Eine Ungleichbehandlung ist daher gerechtfertigt, wenn ein zulässiges Differenzierungsziel verfolgt wird, an ein zulässiges Differenzierungskriterium angeknüpft wird und im Hinblick darauf die Ungleichbehandlung verhältnismäßig ist.
6. Wann sollte in einer Klausur (zumindest grundsätzlich) nach welcher Formel geprüft werden?	**6.** Wenn spezielle Gleichheitsrechte zu prüfen sind oder eine Klausur vorrangig aus der Prüfung von Gleichheitsrechten besteht, sollte nach der neuen Formel geprüft werden. Wenn der allgemeine Gleichheitssatz als „Nachprüfung" zu den Freiheitsrechten geprüft wird, nach der Willkürformel.
7. Nennen Sie spezielle Gleichheitsrechte!	**7.** Art. 3 Abs. 2 u. Abs. 3 GG; Art. 6 Abs. 5 GG; Art. 33 Abs. 2 GG.

3. Abschnitt: Justizgrundrechte

Die meisten der Justizgrundrechte finden Sie außerhalb des Grundrechtskatalogs.

A. Die Rechtsweggarantie, Art. 19 Abs. 4 GG

Rechtsweg gegen Maßnahmen der Exekutive

Nur die Rechtsweggarantie gemäß Art. 19 Abs. 4 GG befindet sich im Grundrechtskatalog. Art. 19 Abs. 4 GG gewährleistet die Möglichkeit des Rechtschutzes. Das BVerfG bezeichnet Art. 19 Abs. 4 GG auch als das **„Gebot eines effektiven Rechtschutzes"**.

Insbesondere ist bei Art. 19 Abs. 4 GG zu beachten, dass unter „öffentlicher Gewalt" nach h.M. **nur die Exekutive** gemeint ist.

Maßnahmen der Legislative können nach h.M. nur vom BVerfG mittels der abstrakten und konkreten Normenkontrolle oder im Rahmen einer Verfassungsbeschwerde überprüft werden.

Maßnahmen der Judikative fallen nach h.M. ebenfalls nicht unter den Begriff der „öffentlichen Gewalt" i.S.d. Art. 19 Abs. 4 GG, denn dieser gewährt nur Schutz durch, nicht vor dem Richter.

B. Die Verfahrensgrundsätze

Außerhalb des Grundrechtskatalogs, im Abschnitt über die Rspr. (Art. 92–104 GG), finden Sie die **weiteren Justizgrundrechte**.

Einzelne Verfahrensgrundsätze

Diese gewährleisten die Beachtung bestimmter **Verfahrensgrundsätze**:

- Art. 101 Abs. 1 S. 1 GG: **Verbot von Ausnahmegerichten**

  Nach der Definition des BVerfG sind dies solche Gerichte, die „in Abweichung von der gesetzlichen Zuständigkeit gebildet und zur Entscheidung einzelner, konkreter oder individuell bestimmter Fälle berufen sind". Hingegen sind „Sondergerichte" für bestimmte Sachgebiete unter Beachtung des Art. 101 Abs. 2 GG zulässig: Es muss von vornherein abstrakt-generell das Sondergericht durch Gesetz eingerichtet werden (Beispiel: Disziplinargericht für Beamte).

- Art. 101 Abs. 1 S. 2 GG: **Garantie des gesetzlichen Richters**

  Damit soll vor allem eine Manipulation verhindert werden. Die Gerichte müssen von vornherein generell-abstrakt festlegen, welcher Richter in concreto zuständig ist (dies kann z.B. durch Geschäftsverteilungspläne geschehen, die nach dem Anfangsbuchstaben des Angeklagten im Strafprozess, des Beklagten im Zivilprozess etc. differenzieren).

- Art. 103 Abs. 1 GG: **Anspruch auf rechtliches Gehör**

  Damit wird ein alter Grundsatz im Grundgesetz festgeschrieben, denken Sie etwa an den Satz „audiatur et altera pars" (= „Es möge auch die andere Seite gehört werden").

- Art. 103 Abs. 2 GG: **Bestimmtheitsgebot für Strafgesetze**

  Das absolute Rückwirkungsverbot für Strafgesetze („nullum crimen, nulla poena sine lege") und das Erfordernis hinreichender Bestimmtheit der Strafgesetze („nulla poena sine lege certa") steht in § 1 StGB auch an der Spitze des Strafgesetzbuches. Art. 103 Abs. 2 GG verleiht diesen Grundsätzen Verfassungskraft.

- Art. 103 Abs. 3 GG: **Verbot der Mehrfachbestrafung**

  Dies ist ebenfalls ein alter Rechtsgrundsatz („ne bis in idem" = „Nicht zweimal in derselben Sache").

- Art. 104 GG: **Rechtsgarantien bei Freiheitsentziehung**

  Diese Gewährleistungen sind – wie erwähnt – im Zusammenhang mit dem Freiheitsgrundrecht der Freiheit der Person gemäß Art. 2 Abs. 2 S. 2 GG zu sehen.

Wenn Sie mehr wissen wollen:
AS-Skript Grundrechte (2015), Rn. 608 ff. (zu den Justizgrundrechten)

4. Teil: Grundrechtsgleiche Rechte

Das BVerfG hat einmal gesagt: „Grundrechtsgleiche Rechte sind **Grundrechts-Gleiche** Rechte, da sie solche sind." Damit wollte das BVerfG ausdrücken, dass grundrechtsgleiche Rechte alle **subjektiven Rechtspositionen** mit Verfassungsrang sind, die aber systematisch nicht im Ersten Abschnitt des Grundgesetzes aufgeführt, also (formal) keine Grundrechte sind.

Trotzdem ist gegen deren Verletzung die Verfassungsbeschwerde zum BVerfG statthaft. Die grundrechtsgleichen Rechte sind in Art. 93 Abs. 1 Nr. 4 a GG einzeln aufgeführt. Dazu zählen

- das **Widerstandsrecht** aus Art. 20 Abs. 4 GG. Trotz seiner Einordnung in den Art. 20 GG gilt das Widerstandsrecht als Grundrecht und ermöglicht es dem Einzelnen, Widerstand gegen jeden zu leisten, der es unternimmt, zumindest eines der Staatsprinzipien, also die freiheitlich-demokratische Grundordnung zu beseitigen, wenn andere Abhilfe wirksam nicht möglich ist. Es gilt nicht nur im Verhältnis der Bürger zum Staat („Staatsstreich von oben"), sondern auch im Verhältnis der Bürger untereinander („Staatsstreich von unten");
- die **staatsbürgerlichen Gleichheitsrechte** aus Art. 33 GG. Dazu gehört insbesondere, dass jeder Deutsche in jedem der Bundesländer die gleichen staatsbürgerlichen Rechte und Pflichten hat, und dass jeder Deutsche gemäß seiner Eignung, Befähigung und fachlichen Leistung einen gleichberechtigten Zugang zu öffentlichen Ämtern hat. Ob auch Art. 33 Abs. 5 GG ein grundrechtsgleiches Recht enthält ist umstritten. Anerkannt dürfte aber wohl das sogenannte „Alimentationsprinzip" sein, wonach ein Beamter eine seinem Status angemessene Besoldung erhält;
- die **Wahlgrundsätze** des Art. 38 Abs. 1 S. 1 GG. Dabei stellen die „allgemeine" und „gleiche" Wahl besondere Gleichheitsrechte dar, während die Grundsätze „unmittelbar, frei und geheim" besondere Freiheitsrechte beinhalten. Das freie Mandat aus Art. 38 Abs. 1 S. 2 GG stellt **kein grundrechtsgleiches Recht** dar, auch wenn Art. 38 GG insgesamt in Art. 93 Abs. 1 Nr. 4 a GG genannt ist. Auf das freie Mandat können sich nur die Abgeordneten (als Teil des Staates) berufen, Grundrechte gelten als subjektive Abwehrrechte aber gerade nicht für den Staat;
- die **Verfahrensrechte** aus Art. 101, 103 und 104 GG.

Check: Justizgrundrechte/grundrechtsgleiche Rechte

1. Nennen Sie Beispiele für die Justizgrundrechte!	**1.** Rechtsweggarantie (Art. 19 Abs. 4 GG); gesetzlicher Richter (Art. 101 Abs. 1 S. 2 GG); Anspruch auf rechtliches Gehör (Art. 103 Abs. 1 GG); Rechtsgarantien bei Freiheitsentziehung (Art. 104 GG).
2. Wer ist i.S.d. Art. 19 Abs. 4 GG die „öffentliche Gewalt"?	**2.** Unter öffentlicher Gewalt ist nach h.M. nur die Exekutive gemeint, nicht die Legislative oder Judikative.
3. Sind „Sondergerichte", z.B. Disziplinargericht für Beamte, zulässig?	**3.** Ja! Art. 101 Abs. 1 S. 1 GG verbietet nur Ausnahmegerichte, nicht aber Sondergerichte, die für bestimmte Sachgebiete von vornherein abstrakt-generell eingerichtet werden.
4. In welchem Bereich gilt ein absolutes Rückwirkungsverbot?	**4.** Im Strafrecht, Art. 103 Abs. 2 GG.
5. Warum heißen grundrechtsgleiche Rechte grundrechtsgleiche Rechte?	**5.** Weil sie zwar formal nicht im Grundrechtekatalog der Art. 1 bis 19 GG geregelt sind, aber genau wie die Grundrechte subjektive Abwehrrechte des Einzelnen gegen den Staat enthalten.
6. Wo befindet sich eine Aufzählung der grundrechtsgleichen Rechte?	**6.** In Art. 93 Abs. 1 Nr. 4 a GG!
7. Was ist bei Art. 38 GG insoweit zu beachten?	**7.** Nur die Wahlrechtsgrundsätze des Art. 38 Abs. 1 S. 1 GG enthalten grundrechtsgleiche Rechte. Das freie Mandat (Art. 38 Abs. 1 S. 2 GG) nicht!
8. Enthält auch Art. 33 Abs. 5 GG ein grundrechtsgleiches Recht?	**8.** Die Frage ist umstritten. Nach überwiegender Auffassung kann daraus aber zumindest ein Anspruch auf Alimentation für den Beamten hergeleitet werden.

5. Teil: Die Verfassungsbeschwerde

Die Verfassungsbeschwerde ist das häufigste Verfahren vor dem BVerfG. So wurden im Jahre 2011 von insgesamt 6.208 Verfahren alleine 6.036 Verfassungsbeschwerden erhoben.

grundrechtsgleiche Rechte = die in Art. 93 Abs. 1 Nr. 4 a GG genannten, vgl. 4. Teil

Das BVerfG entscheidet gemäß Art. 93 Abs. 1 Nr. 4 a GG über Verfassungsbeschwerden, die von **jedermann** mit der **Behauptung** erhoben werden können, durch die **öffentliche Gewalt** in einem seiner **Grundrechte** oder **grundrechtsgleichen Rechte** verletzt zu sein. Sie ist erfolgreich, wenn sie zulässig und begründet ist.

1. Abschnitt: Zulässigkeit der Verfassungsbeschwerde

Aufbauschema zur Verfassungsbeschwerde

A. Zulässigkeit

- **I. Zuständigkeit des BVerfG,** Art. 93 Abs. 1 Nr. 4 a GG, § 13 Nr. 8 a BVerfGG
- **II. Ordnungsgemäßer Antrag,** §§ 23, 92 BVerfGG (nur bei Anlass)
- **III. Beschwerdefähigkeit, § 90 Abs. 1 BVerfGG** („jedermann")
- **IV. Prozessfähigkeit** (nur bei Anlass)
- **V. Tauglicher Beschwerdegegenstand, § 90 Abs. 1 BVerfGG** („Akt der öffentlichen Gewalt")
- **VI. Beschwerdebefugnis, § 90 Abs. 1 BVerfGG**
  - **1.** Möglichkeit einer Grundrechtsverletzung
  - **2.** selbst, gegenwärtig, unmittelbar betroffen
- **VII. Rechtswegerschöpfung**
  - **1.** Rechtsweg erschöpft, § 90 Abs. 2 BVerfGG
  - **2.** Grundsatz der Subsidiarität
- **VIII. Frist, § 93 BVerfGG**

B. Begründetheit

(+), wenn der Beschwerdeführer in einem seiner Grundrechte oder grundrechtsgleichen Rechte verletzt ist

A. Zuständigkeit des Bundesverfassungsgerichts

Für die Entscheidung über Verfassungsbeschwerden ist das BVerfG gemäß Art. 93 Abs. 1 Nr. 4 a GG zuständig. Dies wird in § 13 Nr. 8 a BVerfGG wieder aufgegriffen.

!

Aufbauhinweis: *Teilweise wird auf die Prüfung der Zuständigkeit verzichtet. Jedenfalls sollten Sie sich vergegenwärtigen, dass die Verfassungsbeschwerde in § 13 Nr. 8 a BVerfGG normiert ist, da das BVerfGG so aufgebaut ist, dass alle in § 13 BVerfGG genannten Verfahren in einem eigenen Abschnitt näher geregelt sind (hier: 15. Abschnitt, §§ 90 ff. BVerfGG: „Verfahren in den Fällen des § 13 Nr. 8 a". Daher ergeben sich die weiteren Voraussetzungen einer Verfassungsbeschwerde aus den §§ 90 ff. BVerfGG).*

B. Beschwerdefähigkeit (Beteiligtenfähigkeit)

Gemäß § 90 Abs. 1 BVerfGG kann **jedermann** die Verfassungsbeschwerde erheben. Da mit der Verfassungsbeschwerde die Verletzung eines Grundrechtes gerügt wird, ist damit jede **grundrechtsfähige** Person gemeint.

Zur Grundrechtsfähigkeit vgl. oben 2. Teil, S. 14–19

!

Klausurhinweis: *Juristische Personen können sich gemäß Art. 19 Abs. 3 GG nicht auf jedes Grundrecht berufen. Auch Ausländer können sich nicht auf sogenannte „Deutschen-Grundrechte" berufen. In einem solchen Fall wird teilweise bereits die Beteiligtenfähigkeit verneint. Andere bejahen die Beteiligtenfähigkeit, da juristische Personen und Ausländer (zumindest über Art. 2 Abs. 1 GG) prinzipiell grundrechtsfähig sind und erörtern das Problem erst in der Beschwerdebefugnis. In der Klausur sind beide Darstellungen möglich. Als reine Aufbaufrage wird dies jedoch* ***auf keinen Fall*** *erörtert. Sie können in der Klausur den einen wie den anderen Weg gehen!*

C. Prozessfähigkeit/Postulationsfähigkeit

Anmerkung: *Die Prozess- und Postulationsfähigkeit sind in Klausuren nur zu prüfen, wenn sie problematisch sind. Hier handelt es sich um ein seltenes Klausurproblem!*

I. Prozessfähigkeit

Meint die Fähigkeit des Beschwerdeführers, **selbst** die Verfahrenshandlungen vor dem BVerfG vorzunehmen. Sie ist nicht im BVerfGG geregelt.

Das BVerfG stellt bei der Frage der Prozessfähigkeit im Rahmen der Verfassungsbeschwerde auf die **Grundrechtsmündigkeit** des Beschwerdeführers ab. Ist der Beschwerdeführer grundrechtsmündig, so kann er selbst handeln und ggf. den Prozessvertreter bestimmen. Anderenfalls muss der gesetzliche Vertreter für ihn handeln.

Keine starre Festlegung einer Altersgrenze

Nach h.M. ist bei der Frage der Grundrechtsmündigkeit nicht auf eine starre Altersgrenze abzustellen, wie etwa bei der Geschäftsfähigkeit. Unter Umständen kann ein Minderjähriger auch als grundrechtsmündig angesehen werden, wenn er einsichtsfähig hinsichtlich der Tragweite des Grundrechts ist. In diesen Fällen muss daher der gesetzliche Vertreter nicht für den Minderjährigen handeln.

Als Beispiel wird hier oft Art. 4 Abs. 1, Abs. 2 GG – die Religions- und Weltanschauungsfreiheit – angeführt. Die **„Religionsmündigkeit"** wird dem Minderjährigen bereits mit 14 Jahren zugebilligt. Dies liegt daran, dass nach § 5 des Gesetzes über die religiöse Kindererziehung einem Kind nach der Vollendung des vierzehnten Lebensjahrs die Entscheidung darüber zusteht, „zu welchem religiösen Bekenntnis es sich halten will".

In anderen Fällen bestimmt das Grundgesetz eine Altersgrenze, die für die Grundrechtsmündigkeit entscheidend ist (Beispiel: 18 Jahre bei **Art. 12 a GG**).

Normalfall

Im Übrigen lehnt sich das BVerfG **in der Regel** an **die einfachgesetzlichen Vorschriften an. Keiner besonderen Erörterung braucht daher die Grundrechtsmündigkeit eines erwachsenen Bürgers!**

II. Postulationsfähigkeit

Postulationsfähigkeit ist die Fähigkeit, den Prozesshandlungen vor dem Gericht die **rechtserhebliche Erscheinungsform** zu geben. In vielen Prozessen besteht ein „Anwaltszwang", so z.B. im Zivilprozess vor dem Landgericht oder vor Gerichten des höheren Rechtszuges (nicht aber vor dem Amtsgericht), d.h. hier kann nur ein bestellter Vertreter, ein Anwalt – nicht der Prozessfähige selbst – den Prozesshandlungen die rechtserhebliche Erscheinungsform geben.

Gemäß § 22 Abs. 1 S. 1 Hs. 2 BVerfGG muss zumindest **in der mündlichen Verhandlung** vor dem BVerfG ein Prozessvertreter – ein Rechtsanwalt oder ein Lehrer des Rechts an einer deutschen Hochschule – bestellt werden. Wie oben aber bereits erwähnt, wird hiernach in der Klausur regelmäßig nicht gefragt.

D. Tauglicher Beschwerdegegenstand

Gemäß § 90 Abs. 1 BVerfGG ist Gegenstand einer Verfassungsbeschwerde ein **Akt der öffentlichen Gewalt**. Daher können grundsätzlich die Akte aller drei Staatsgewalten (Legislative, Exekutive, Judikative) Gegenstand der Verfassungsbeschwerde sein.

Nach dem Gegenstand des Verfahrens werden unterschieden:

- die **Rechtssatzverfassungsbeschwerde** (gegen Gesetze, auch im materiellen Sinne)
- die **Urteilsverfassungsbeschwerde** (gegen Urteile, wobei der Beschwerdeführer entscheiden kann, ob er nur gegen das letztinstanzliche Urteil oder gegen alle Entscheidungen der Instanzen vorgeht) und
- die **Exekutivaktsverfassungsbeschwerde** (z.B. gegen einen Verwaltungsakt), die aber selten ist, da zunächst der Rechtsweg zu beschreiten ist und erschöpft werden muss, sodass zumindest auch ein Urteil vorhanden ist, gegen das sich der Beschwerdeführer wehren muss.

***Klausurhinweis:** Diese Unterscheidung sollte in einer Klausur vorgenommen werden, weil zwar die nachfolgenden Prüfungspunkte für alle Verfassungsbeschwerden gleichermaßen gelten, aber teilweise eine andere Bedeutung haben (vgl. dazu im Folgenden bei den einzelnen Voraussetzungen).* !

E. Beschwerdebefugnis

Der Beschwerdeführer muss gemäß § 90 Abs. 1 BVerfGG **behaupten, in einem seiner Grundrechte** (oder grundrechtsgleichen Rechte) **verletzt** zu sein.

I. Möglichkeit einer Grundrechtsverletzung

Für die Behauptung einer Grundrechtsverletzung genügt es, dass der Beschwerdeführer **plausibel** darlegt, dass die Möglichkeit einer solchen Verletzung vorliegt. Ob das Grundrecht tatsächlich verletzt ist, ist eine Frage der Begründetheit der Verfassungsbeschwerde. Die Beschwerdebefugnis ist nur dann zu verneinen, wenn eine Verletzung von Grundrechten von vorneherein offensichtlich ausscheidet.

! ***Klausurhinweis:*** *In einer Klausur sollten hier* ***alle*** *in Betracht kommenden Grundrechte genannt werden, also insbesondere alle Grundrechte, die Sie später in der Begründetheit auch prüfen. Ein bloßer Hinweis darauf, dass der Beschwerdeführer möglicherweise in seiner allgemeinen Handlungsfreiheit verletzt sein könnte, genügt nicht. Das hat seinen Grund darin, dass das BVerfG bei einer einmal zulässigen Verfassungsbeschwerde die Begründetheit unter allen Aspekten prüft, insbesondere alle in Betracht zu ziehenden Grundrechte, auch wenn der Beschwerdeführer eine Verletzung gar nicht gerügt hat.*

Beispiel: Durch eine Änderung des LuftVG wird eine Altersgrenze für Piloten von 65 Jahren eingeführt. Der Ausländer P (aus Paraguay) ist Pilot und möchte sich mit einer Verfassungsbeschwerde zur Wehr setzen. In dieser Situation ist auch Art. 12 GG möglicherweise verletzt, obwohl der Ausländer P sich auf das Deutschen-Grundrecht des Art. 12 GG nicht berufen kann. Um eine Popularbeschwerde auszuschließen, wird im nächsten Prüfungspunkt die „eigene Beschwer" problematisiert. Da das BVerfG im Rahmen einer Rechtssatz-Verfassungsbeschwerde aber später in der Begründetheit auch prüfen muss, ob das LuftVG, welches natürlich auch für deutsche Piloten gilt, gegen die Grundrechte eines solchen deutschen Piloten verstieße, ist bereits hier eine mögliche Verletzung des Art. 12 GG zu bejahen. Dann wäre automatisch ein Eingriff in die allgemeine Handlungsfreiheit (Art. 2 Abs. 1 GG) des Paraguayers P durch ein Gesetz, welches verfassungswidrig ist wegen der Verletzung des Art. 12 GG, verfassungsrechtlich nicht gerechtfertigt, sodass P auch tatsächlich in seinem Grundrecht aus Art. 2 Abs. 1 GG verletzt wird.

II. Eigene, gegenwärtige und unmittelbare Betroffenheit

Daneben verlangt das BVerfG im Rahmen der Beschwerdebefugnis weitere Voraussetzungen. Aus dem Tatsachenvortrag des Beschwerdeführers muss sich ergeben, dass er durch den Akt öffentlicher Gewalt

- **selbst**,
- **gegenwärtig** und
- **unmittelbar**

betroffen ist. Man spricht insoweit auch von eigener, gegenwärtiger und unmittelbarer „Beschwer".

1. Selbst betroffen

Eigene Beschwer – auch als **„Selbstbetroffenheit"** bezeichnet – meint, dass der Beschwerdeführer die Verletzung eigener Grundrechte geltend machen muss (vgl. auch den Wortlaut des § 90 Abs. 1 BVerfGG: einem „seiner" Grundrechte, einem „seiner" grundrechtsgleichen Rechte).

Problematisch kann die eigene Beschwer insbesondere dann sein, wenn sich der Akt der öffentlichen Gewalt nicht final und unmittelbar an den Beschwerdeführer selbst richtet, sondern der Beschwerdeführer ein Dritter ist.

Beispiel: Der Ausländer A wird aufgefordert, die Bundesrepublik Deutschland zu verlassen. Die Ehefrau F darf in Deutschland bleiben. In diesem Fall wäre nicht nur A als Adressat der Ausweisungsverfügung betroffen, sondern auch die Ehefrau F in ihrem Recht aus Art. 6 GG (Ehe, Familie). F könnte daher eine Verfassungsbeschwerde führen.

2. Gegenwärtig betroffen

Gegenwärtige Beschwer meint, dass der Beschwerdeführer vom Akt der öffentlichen Gewalt „schon und noch" betroffen sein muss. Eine vergangene Beeinträchtigung darf allerdings nicht vorschnell bejaht werden. Wenn die hoheitliche Maßnahme eigentlich der Vergangenheit angehört, so können dennoch Beeinträchtigungen von ihr ausgehen, sodass in diesem Fall der Beschwerdeführer „noch" betroffen ist.

Andererseits kann ein Beschwerdeführer „schon" betroffen sein, wenn zwar die Rechtsfolgen noch nicht eingetreten sind, er aber bereits jetzt Dispositionen treffen muss, die später nicht oder nur schwer wieder zu korrigieren sind. In diesem Fall kann der Beschwerdeführer „vorbeugend" die Verfassungsbeschwerde erheben.

Beispiel: Ein Gesetz sieht für Notare eine Altersgrenze von 70 Jahren vor. Der 67-jährige Notar N möchte noch eine Villa kaufen und muss sich dafür erheblich verschulden. Aus diesem Grunde möchte er eine Verfassungsbeschwerde gegen die gesetzliche Altersgrenze erheben. N wäre schon gegenwärtig betroffen, da er in diesem Fall Dispositionen treffen muss, die nur schwer wieder rückgängig zu machen sind.

3. Unmittelbar betroffen

Eine **unmittelbare Beschwer** liegt vor, wenn der Beschwerdeführer durch den Hoheitsakt selbst betroffen und kein weiterer Vollzugsakt mehr nötig ist. Das ist in der Regel ohne Weiteres erfüllt. Lediglich bei der Rechtssatzverfassungsbeschwerde (deswegen hatten wir oben beim Gegenstand differenziert) müssen Sie das wirklich überprüfen. Gibt die jeweilige Norm nur die Befugnis oder

Ermächtigung zum Eingriff, beschwert sie selbst unmittelbar noch nicht. Die potenzielle Beschwer für den Fall ihrer Umsetzung genügt gerade nicht.

Warum ist das so?

Ob die Norm tatsächlich einmal mit beschwerender Wirkung auf den konkreten Bürger angewendet wird, ist völlig offen. Es wäre prozessökonomischer Unsinn, gleichwohl für den eventuellen Fall der Umsetzung jedem potenziell betroffen Bürger die Klage zu ermöglichen.

Aus diesem Grunde ist die unmittelbare Betroffenheit bei einer Rechtssatzverfassungsbeschwerde grundsätzlich nur zu bejahen, wenn die Norm „sich selbst vollzieht“. Das BVerfG spricht häufig von einer sogenannten **„self-executing-Norm“**.

Beispiel: Das Nichtraucherschutzgesetz verbietet das Rauchen in Gebäuden der Bundesbehörden. Dieses gesetzliche Verbot muss nicht noch vom Behördenleiter umgesetzt werden. Automatisch durch das Gesetz ist den Beamten und Besuchern in Gebäuden der Bundesbehörden das Rauchen untersagt.

! ***Klausurhinweis:*** *Die „eigene, unmittelbare und gegenwärtige Betroffenheit“ ist bei Urteilsverfassungsbeschwerden in der Regel unproblematisch und muss daher nicht näher erörtert werden. Sie sollten lediglich kurz feststellen, dass der Beschwerdeführer selbst, gegenwärtig und unmittelbar durch das Urteil betroffen ist. Bei Rechtssatzverfassungsbeschwerden sollte dagegen genau unter die Begriffe subsumiert werden.*

F. Frist

Die Einlegungsfrist bei der Verfassungsbeschwerde ist in § 93 BVerfGG geregelt.

Monatsfrist

Grundsätzlich beträgt sie **einen Monat** nach Verkündung der letztinstanzlichen Entscheidung, vgl. **§ 93 Abs. 1 BVerfGG**. Dies ist der „Normalfall“ der Verfassungsbeschwerde, da in der Regel der Rechtsweg zu erschöpfen ist, dazu sogleich.

Jahresfrist

Bei Verfassungsbeschwerden gegen Gesetze oder gegen Hoheitsakte, gegen die der Rechtsweg nicht offen steht, gilt die **Jahresfrist** des **§ 93 Abs. 3 BVerfGG**.

G. Rechtswegerschöpfung; Grundsatz der Subsidiarität

I. Erschöpfung des Rechtsweges

Die Verfassungsbeschwerde ist gemäß § 90 Abs. 2 BVerfGG nur zulässig, wenn der Beschwerdeführer den **Rechtsweg erschöpft** hat.

Dies bedeutet, dass der Beschwerdeführer grundsätzlich **alle prozessualen Möglichkeiten** ausschöpfen muss, bevor er die Verfassungsbeschwerde erheben kann (also insbesondere Klagen, Rechtsmittel, Verfahren im einstweiligen Rechtsschutz). Der Grund besteht darin, dass das BVerfG entlastet werden soll und die Fachgerichte sich im Instanzenzug selbst kontrollieren sollen. Ausnahmen von diesem Grundsatz lässt § 90 Abs. 2 S. 2 BVerfGG zu, insbesondere dann, wenn dem Beschwerdeführer ein schwerer und unabwendbarer Nachteil entstünde, wenn er zunächst den Rechtsweg beschreitet.

Beispiel: Eine Klage des A vor dem Verwaltungsgericht bleibt erfolglos. Zwar wäre ein Rechtsmittel (Berufung) dagegen zulässig, aber dies wäre wegen einer entgegenstehenden gefestigten höchstrichterlichen Rspr. offensichtlich völlig aussichtslos. In diesem Fall wäre es sinnlos von A zu erwarten, dass er erst den Instanzenzug beschreitet.

II. Grundsatz der Subsidiarität

Das BVerfG wendet darüber hinaus noch den Grundsatz der Subsidiarität an. Die Verfassungsbeschwerde ist subsidiär, d.h. sie dient nur als Rückhalt, als Aushilfe, „wenn alle Stricke reißen". Die Verfassungsbeschwerde ist nur zulässig, wenn der Grundrechtsschutz auf keinen Fall durch die Fachgerichte hätte gewährleistet werden können.

Insbesondere die Inzidentkontrolle von Normen

Bedeutung gewinnt der Grundsatz vor allem bei der Rechtssatzverfassungsbeschwerde. Die Rechtswegerschöpfung ist hier in der Regel von Anfang an gegeben, denn gegen Gesetze kann der Bürger keine Klage vor dem Verwaltungsgericht erheben. Nur ausnahmsweise ist gegen Normen der Rechtsweg nach § 47 Abs. 1 VwGO eröffnet. Im Übrigen stünde aber unmittelbar der Weg zum BVerfG offen. Um das zu verhindern, verlangt das BVerfG, auch jeden sonstigen Rechtsschutz auszuschöpfen. Es verweist damit bei Normen darauf, dass auch der Vollzugsakt angreifbar ist und zu dessen Überprüfung die Verwaltungsgerichtsbarkeit offen steht. Die Norm würde in diesem Verfahren dann als Rechtsgrundlage **inzident** geprüft.

Nach der Rspr. des BVerfG ist eine Verfassungsbeschwerde, auch wenn es keinen Rechtsweg gegen das Gesetz gibt, daher unzulässig, wenn es dem Beschwerdeführer **zumutbar und möglich ist, eine Norm zunächst von einem Fachgericht inzident überprüfen zu lassen.**

Beispiel: Der Bundesgesetzgeber erlässt ein Krebsbekämpfungsgesetz, in dem das Rauchen in der Öffentlichkeit völlig verboten wird. Sanktionen für den Fall der Zuwiderhandlung sind nicht vorgesehen. K fühlt sich als passionierter Raucher in seinem Grundrecht aus Art. 2 Abs. 1 GG (allgemeine Handlungsfreiheit) verletzt. Kann er unmittelbar gegen das Gesetz im Wege der Verfassungsbeschwerde vorgehen?

Möglicher **Gegenstand** einer Verfassungsbeschwerde kann jeder Akt öffentlicher Gewalt sein, also auch ein Gesetz (Rechtssatzverfassungsbeschwerde). K ist **möglicherweise** in seiner allgemeinen Handlungsfreiheit nach **Art. 2 Abs. 1 GG verletzt**. Fraglich ist, ob er durch das Krebsbekämpfungsgesetz unmittelbar betroffen ist (bei der Rechtssatzverfassungsbeschwerde immer kurz prüfen!). Da hier aber nicht nur einer Behörde die Möglichkeit eingeräumt wird, unter bestimmten Voraussetzungen das Rauchen zu verbieten, sondern das Verbot, in der Öffentlichkeit zu rauchen, bereits unmittelbar aus dem Gesetz folgt, ist K nicht nur **selbst** und **gegenwärtig**, sondern **auch unmittelbar betroffen**.

Ein **Rechtsweg** ist gegen Gesetze des formellen Gesetzgebers nicht gegeben. Fraglich ist aber, ob nach dem allgemeinem Grundsatz der **Subsidiarität** der Verfassungsbeschwerde sonstiger zumutbarer Rechtsschutz zur Verfügung steht. Das ist hier in der Tat der Fall. Da keine Sanktionen drohen, kann K ohne Weiteres zugemutet werden, zunächst gegen das Rauchverbot zu verstoßen und zu warten, bis ihn beispielsweise ein Polizist mit einem entsprechendem (das Gesetz wiederholenden) Verbot belegt. Dagegen wäre der Rechtsweg eröffnet. Die Überprüfung der polizeilichen Maßnahme wird inzident zur Überprüfung des gesetzlichen Rauchverbots führen. Erst wenn auch dieser Rechtsweg erschöpft ist, ist dem Grundsatz der Subsidiarität ausreichend Rechnung getragen.

H. Form

! ***Klausurhinweis:*** *Auf die Form braucht in einer Klausur nur dann eingegangen zu werden, wenn sie problematisch ist.*

Für die Form gilt zunächst die allgemeine Vorschrift des § 23 Abs. 1 BVerfGG, wonach Anträge schriftlich mit einer Begründung und unter Angabe der Beweismittel zu erheben sind. Diese Formvorschrift wird für eine Verfassungsbeschwerde durch § 92 BVerfGG erweitert. Danach sind in der Begründung das verletzte Recht sowie die Handlung/Unterlassung, die angegriffen werden soll, zu bezeichnen.

2. Abschnitt: Begründetheit

Nach § 95 BVerfGG stellt das BVerfG fest, „welche Vorschriften des GG verletzt" sind. Nach dieser Formulierung würde das BVerfG eigentlich alle Vorschriften des GG prüfen. Da der Beschwerdeführer mit einer Verfassungsbeschwerde aber nur die Verletzung der Grundrechte oder grundrechtsgleichen Rechte rügen kann (Art. 93

Abs. 1 Nr. 4 a GG), können Sie folgenden **Obersatz** für die Begründetheitsprüfung nutzen:

„Die Verfassungsbeschwerde ist begründet, wenn der Beschwerdeführer durch den Akt der öffentlichen Gewalt (in verfassungsspezifischer Weise) in seinen Grundrechten oder grundrechtsgleichen Rechten verletzt ist."

Danach prüfen Sie – wie im Obersatz vorgegeben – ob der Hoheitsakt Grundrechte des Beschwerdeführers verletzt. Dabei müssen Sie **alle denkbaren – nicht nur die gerügten! – Grundrechte** (oder grundrechtsgleichen Rechte) prüfen. Dabei wird in der Reihenfolge Freiheitsrechte vor Gleichheitsrechten geprüft, und innerhalb dieser Bereiche das speziellere vor dem allgemeinen.

Die Prüfung der Grundrechtsverletzung gliedern Sie so auf, wie Sie es oben gelernt haben. Sie prüfen z.B. bei einem Freiheitsgrundrecht: Schutzbereich – Eingriff – verfassungsrechtliche Rechtfertigung.

Das BVerfG ist **keine Superrevisionsinstanz**

Bei der Prüfung, ob ein Judikativakt (Urteil) Grundrechte verletzt, ist darauf zu achten, dass das BVerfG keine „Superrevisionsinstanz" ist. Es prüft das Urteil nicht auf seine sachliche Richtigkeit, sondern nur, ob die Gerichte bei ihrer Entscheidung **Grundrechte verkannt** haben, also ein Grundrecht entweder übersehen haben (sogenanntes **Anwendungsdefizit**) oder die Bedeutung des Grundrechts für die Entscheidung verkannt haben (sogenannte **Fehlbewertung**). Daneben prüft das BVerfG auch, ob Justizgrundrechte verletzt sind.

Das bedeutet, dass das BVerfG nicht prüft, ob die Voraussetzungen eines Kaufvertrages gemäß § 433 BGB vorliegen. Dessen Voraussetzungen prüfen das Amts-/Landgericht, im Zweifel das Oberlandesgericht und der BGH. Wenn die Instanzgerichte davon ausgehen, dass zwischen Käufer und Verkäufer ein wirksamer Kaufvertrag geschlossen wurde, legt das BVerfG dies seiner Entscheidung zu Grunde. Wenn aber bei der Auslegung des Zivilrechts Grundrechte zu beachten waren, und der BGH diese Grundrechte gar nicht oder wesentlich falsch beurteilt hat, dann greift das BVerfG ein.

Beispiel: A zeichnet eine Karikatur. Darin wird ein Schwein mit den Gesichtszügen des B dargestellt. B stellt einen Strafantrag wegen Beleidigung (§ 185 StGB) und klagt vor dem Amtsgericht auf Unterlassen (§ 1004 BGB analog).

Sowohl das Strafgericht als auch das Zivilgericht müssen die Grundrechte von A und B beachten. Im Rahmen der Beleidigung spricht nämlich die Kunstfreiheit des A gegen die Annahme einer Beleidigung, das allgemeine Persönlichkeitsrecht des B dafür. Im Rahmen der Unterlassungsklage muss das Zivilgericht gemäß § 1004 Abs. 2 BGB prüfen, ob B zur Duldung verpflichtet ist. Dafür spricht die Kunstfreiheit des A, dagegen das allgemeine Persönlichkeitsrecht des B.

Das BVerfG würde die gerichtlichen Verurteilungen nur daraufhin überprüfen, ob Kunstfreiheit und APR überhaupt berücksichtigt wurden, oder ob eine wesentliche Fehlbewertung vorliegt. Wenn also z.B. das Strafgericht ausgeführt hat, dass die Schweinchenbilder Kunst sind, aber das APR des B angegriffen wird, dass aber das APR immer und ohne Ausnahme höher zu bewerten ist als die Kunstfreiheit, liegt eine Fehlbewertung vor. Dann wären Karikaturen, die eine Person immer überspitzt darstellen, stets eine Beleidigung.

Folgen der Entscheidung

Ist die Verfassungsbeschwerde begründet, so regelt § 95 BVerfGG die Folgen der Entscheidung. Insbesondere **§ 95 Abs. 3 BVerfGG** ist zu beachten, wonach Gesetze, gegen die sich die Verfassungsbeschwerde richtet oder auf denen eine Entscheidung beruht, für nichtig erklärt werden müssen. Es gilt § 31 Abs. 2 S. 2 BVerfGG, wonach eine derartige Entscheidung des BVerfG **Gesetzeskraft** hat.

Wenn Sie mehr wissen wollen:
AS-Skript Grundrechte (2015), Rn. 646–735 (zur Verfassungsbeschwerde)
Klausurtipp:
AS-FallSkript Grundrechte/Staatsorganisationsrecht (2016), Fälle 24–30

Check: Verfassungsbeschwerde

1. Was wird in der „Beteiligtenfähigkeit" geprüft?

1. Nach § 90 Abs. 1 BVerfGG kann „jedermann" die Verfassungsbeschwerde erheben. Dies ist jede Person, die grundrechtsfähig ist.

2. Wann ergeben sich Probleme hinsichtlich der Beteiligtenfähigkeit?

2. Problematisch ist die Beteiligtenfähigkeit insbesondere hinsichtlich der juristischen Personen des öffentlichen Rechts, da diese grundsätzlich als Teil des Staates nicht grundrechtsfähig sind. Daneben ist die Grundrechtsfähigkeit ausländischer juristischer Personen des Zivilrechts grundsätzlich nicht gegeben (Art. 19 Abs. 3 GG). Außerdem ist die Grundrechtsfähigkeit des nasciturus und der Verstorbenen problematisch.
An dieser Stelle kann auch schon die Grundrechtsfähigkeit von ausländischen natürlichen Personen (Deutschenrechte) und von inländischen juristischen Personen des Zivilrechts (wesensmäßige Anwendbarkeit) angesprochen werden. Dies kann aber auch erst im Rahmen der Beschwerdebefugnis aufgegriffen werden.

3. Was kann tauglicher Beschwerdegegenstand einer Verfassungsbeschwerde sein?

3. Jeder Akt der öffentlichen Gewalt, § 90 Abs. 1 BVerfGG. Zu unterscheiden sind insbesondere Rechtssatz-Verfassungsbeschwerden und Urteils-Verfassungsbeschwerden.

4. Was ist in der Beschwerdebefugnis zu prüfen?

4. Zum einen die Möglichkeit einer Grundrechtsverletzung, zum anderen, ob der Beschwerdeführer selbst, gegenwärtig und unmittelbar betroffen ist.

5. Was ist eine „self-executing-Norm"?

5. Eine Norm, die nicht mehr durch die Verwaltung umgesetzt werden muss, die sich also selbst vollzieht. Rechtsnormen, die erst noch einer weiteren Umsetzung bedürfen, betreffen den Beschwerdeführer nicht unmittelbar.

6. Warum kann man gegen ein erstinstanzliches Urteil grundsätzlich nicht zulässigerweise eine Verfassungsbeschwerde erheben?

6. Weil der Rechtsweg gemäß § 90 Abs. 2 S. 1 BVerfGG erst erschöpft werden muss.

7. Was besagt der Grundsatz der Subsidiarität der Verfassungsbeschwerde?	**7.** Danach kann der Bürger, auch wenn es keinen Rechtsweg gibt (z.B. gegen ein Parlamentsgesetz), nicht sofort die Verfassungsbeschwerde erheben, wenn es ihm möglich und zumutbar ist, die Norm zunächst von einem Fachgericht inzident überprüfen zu lassen.
8. Innerhalb welcher Frist ist die Verfassungsbeschwerde zu erheben?	**8.** Gegen Urteile innerhalb eines Monats (§ 93 Abs. 1 BVerfGG), gegen Gesetze innerhalb eines Jahres (§ 93 Abs. 3 BVerfGG).
9. Wann ist die Verfassungsbeschwerde begründet?	**9.** Wenn der Beschwerdeführer durch den Akt der öffentlichen Gewalt in einem seiner Grundrechte oder grundrechtsgleichen Rechte verletzt ist.
10. Was bedeutet es, dass das BVerfG „keine Superrevisionsinstanz" ist?	**10.** Das BVerfG prüft im Rahmen einer Urteilsverfassungsbeschwerde nicht, ob die Instanzgerichte das einfache Recht (also das BGB, das StGB usw.) richtig angewendet haben, also ob die Voraussetzungen für eine Verurteilung vorliegen. Es ist keine letzte Instanz oberhalb der Revisionsinstanz. Vielmehr prüft das BVerfG nur, ob spezifische Verfassungsverletzungen vorliegen (Anwendungsdefizite, Fehlbewertungen, Justizgrundrechte).

6. Teil: Andere Verfahren vor dem BVerfG

Wie zu Beginn bereits erwähnt, werden die Grundrechte prozessual in einer Anfängerklausur klassischerweise in die **Verfassungsbeschwerde** eingebunden. Seltener ist die Einbindung in andere Verfahren vor dem BVerfG. Dies hängt jedoch auch davon ab, ob bereits im ersten Semester die Vorlesung „Staatsorganisationsrecht" stattgefunden hat und dort die weiteren Verfahren beim BVerfG besprochen wurden.

Als prozessuale „Aufhänger" für die Überprüfung der Grundrechte dienen insbesondere

- das **Organstreitverfahren**,
- die **abstrakte Normenkontrolle** und
- die **konkrete Normenkontrolle**.

1. Abschnitt: Das Organstreitverfahren, Art. 93 Abs. 1 Nr. 1 GG

Prüfschema Organstreitverfahren

A. Zulässigkeit

I. Beteiligtenfähigkeit von Antragsteller/Antragsgegner, § 63 BVerfGG, ggf. direkt aus Art. 93 Abs. 1 Nr. 1 GG

II. Antragsgegenstand, vgl. §§ 64 Abs. 1, 67 S. 1 BVerfGG: jede rechtserhebliche Maßnahme oder Unterlassung des Antragsgegners

III. Antragsbefugnis, § 64 Abs. 1 BVerfGG

IV. Form des Antrags, §§ 23 Abs. 1, 64 Abs. 2 BVerfGG

V. Frist: 6 Monate, § 64 Abs. 3 BVerfGG

B. Begründetheit

Obersatz, angelehnt an § 67 BVerfGG:

Der Antrag ist begründet, wenn die Maßnahme oder Unterlassung des Antragsgegners gegen das Grundgesetz verstößt und der Antragsteller dadurch in seinen grundgesetzlichen Rechten verletzt ist.

Zur Zulässigkeit des Organstreitverfahrens vgl. AS-Basiswissen Staatsorganisationsrecht (2015), S. 118 ff.

Das Organstreitverfahren ist begründet, wenn die beanstandete Maßnahme oder Unterlassung des Antragsgegners gegen das Grundgesetz verstößt und der Antragsteller dadurch tatsächlich in seinen Rechten verletzt wird, § 67 S. 1 BVerfGG.

Wenn dann z.B. der Bundestag gegen den Bundespräsidenten wegen der Weigerung vorgeht, ein Gesetz auszufertigen, ist an dieser Stelle zu überprüfen, ob sich der Bundespräsident zu Recht geweigert hat. Der Bundespräsident durfte sich unter anderem dann weigern, wenn ihm ein materielles Prüfungsrecht zusteht und das Gesetz materiell verfassungswidrig ist. Materiell verfassungswidrig ist das Gesetz unter anderem wegen der Verletzung von Grundrechten.

Zur Verdeutlichung ein kurzes Schema der Prüfung in einem solchen Fall:

A. Zulässigkeit des Organstreitverfahrens

B. Begründetheit des Organstreitverfahrens

I. Prüfungsrecht des Bundespräsidenten

1. Formell

2. Materiell

II. Verfassungsmäßigkeit des Gesetzes

1. Formell

2. Materiell

a) Staatsprinzipien

b) Grundrechte

2. Abschnitt: Die Abstrakte Normenkontrolle, Art. 93 Abs. 1 Nr. 2 GG

Prüfschema abstrakte Normenkontrolle

A. Zulässigkeit

I. **Beteiligtenfähigkeit** als Antragsteller, § 76 Abs. 1 BVerfGG

II. **Antragsgegenstand**, vgl. Art. 93 Abs. 1 Nr. 2 GG, § 13 Nr. 6 BVerfGG Vereinbarkeit einer Rechtsnorm mit höherrangigem Recht

III. **Antragsbefugnis**, § 76 Abs. 1 Nr. 1 BVerfGG

IV. **Form**, § 23 Abs. 1 BVerfGG

V. **Frist:** keine!

B. Begründetheit

Der Antrag ist begründet, wenn die Norm mit höherrangigem Recht unvereinbar ist (vgl. 78 S. 1 BVerfGG).

Wenn z.B. eine Landesregierung im Wege der abstrakten Normenkontrolle ein Bundesparlamentsgesetz überprüfen lassen würde, ergäbe sich daraus folgendes Prüfschema hinsichtlich des Einbaus der Grundrechte:

Zur Zulässigkeit der abstrakten Normenkontrolle vgl. AS-Basiswissen Staatsorganisationsrecht (2015), S. 126 ff.

A. Zulässigkeit der abstrakten Normenkontrolle

B. Begründetheit der abstrakten Normenkontrolle

I. Formelle Verfassungsmäßigkeit des Gesetzes

II. Materielle Verfassungsmäßigkeit des Gesetzes

1. Staatsprinzipien

2. Grundrechte

3. Abschnitt: Die konkrete Normenkontrolle, Art. 100 Abs. 1 GG

Prüfschema konkrete Normenkontrolle

A. Zulässigkeit

I. Vorlagegegenstand: „Gesetz"

- Formelles, nachkonstitutionelles Bundes- oder Landes„gesetz"
- Formelles, nachkonstitutionelles Landes„gesetz"

II. Vorlageberechtigung, Art. 100 Abs. 1 GG, § 80 Abs. 1 BVerfGG: jedes Gericht

III. Vorlagevoraussetzungen

- Überzeugung von der Verfassungswidrigkeit des Gesetzes
- Entscheidungserheblichkeit

IV. Form, §§ 23 Abs. 1, 80 Abs. 2 BVerfGG

V. Frist: keine!

B. Begründetheit

Die Vorlage ist begründet (§ 82 Abs. 1 i.V.m. § 78 S. 1 BVerfGG), wenn

- das Bundes- oder Landesgesetz mit dem Grundgesetz unvereinbar ist bzw.
- das Landesgesetz mit sonstigem Bundesrecht unvereinbar ist.

Zur Zulässigkeit der konkreten Normenkontrolle vgl. AS-Basiswissen Staatsorganisationsrecht (2015), S. 130 ff.

Wenn z.B. ein Richter im Wege der konkreten Normenkontrolle dem BVerfG eine Rechtsnorm zur Überprüfung vorlegt, ergäbe sich daraus folgendes Prüfschema hinsichtlich des Einbaus der Grundrechte:

A. Zulässigkeit der konkreten Normenkontrolle

B. Begründetheit der konkreten Normenkontrolle

I. Formelle Verfassungsmäßigkeit des Gesetzes

II. Materielle Verfassungsmäßigkeit des Gesetzes

1. Staatsprinzipien

2. Grundrechte